노동자의 시간은 저절로
흐르지
않는다

노동자의 시간은 저절로 흐르지 않는다
조각난 일터와 불평등한 노동

초판 1쇄 발행 2022년 1월 15일

지은이 김종진 | 펴낸이 임경훈 | 편집 이현미
펴낸곳 롤러코스터 | 출판등록 제2019-000296호
주소 서울시 마포구 월드컵북로 400 서울산업진흥원 5층 2호
전화 070-7768-6066 | 팩스 02-6499-6067 | 이메일 book@rcoaster.com

ISBN 979-11-91311-10-5 03300

노동자의 시간은 저절로 흐르지 않는다

김종진 노동 칼럼집

조각난 일터와 불평등한 노동

김종진 지음

서문

노동자의 시간을 흐르게 하기 위하여

나는 '공정'과 '불평등'이 공존하는 최근 논의가 편하지 않다. 상대적 박탈감이 일상화될 만큼 우리 사회의 시민권이 보장된 것 같지 않기 때문이다. 사유재산권이 우위인 현실에서 노동기본권은 항상 부차적 권리였다. 특수고용 노동자, 플랫폼 노동자, 프리랜서와 같은 '노동 밖의 노동자' '제도 밖의 노동자'가 744만 명이나 된다. 이들은 모두 근로기준법이나 사회보장 밖에 놓인 노동자이며, 법의 사각지대에 내팽개쳐진 존재들이다. 그렇다고 기존 노동자들이 모두 법제도의 보호를 받거나 권리를 보장받는 것도 아니다. 비정규직과 5인 미만 사업장 노동자 그리고 청소년과 고령 노동자까지 약 945만 명이 넘는 사각지대도 해결되지 않고 있다. 법의 예외나 권리의 부재로 제도적 차별이 용인되고 있는 것이다. 자본주의 이윤을 향유하는 이들의 다른 한편에는 부차적 권리만 보장받는 이들이 무려 1689만 명이나 된다. 이 책을 통해 '미래에서 배제된 오늘 여기의 일하는 사람들'의 현실을 전달하고 싶었다.

사실 2011년 9월 처음 감정노동을 주제로 원고 청탁이 들어온 것이 칼럼 형태 글쓰기의 시작이었다. 연구자로서 독자적 영역을 구축한 주제다 보니 어렵진 않았다. 2005년 민주노총 미조직 비정규직 전략조직화 보고서에 감정노동의 가치 인정과 사회적 의제 필요성을 제시한 것을 계기로 지금까지 연구와 탐색을 이어왔기 때문이다. 하지만 정책에 이르는 과정은 녹록지 않았다. 그럼에도 노동조합 및 단체들과 함께 힘을 모아 「산업안전보건법」에 감정노동자 보호 조항(41조)이 들어가도록 한 것은 가장 큰 보람 중 하나다. 이후 직장갑질119 지표 개발에 참여하면서 「근로기준법」에 직장 내 괴롭힘 금지 조항(76조 2, 3)이 포함된 순간, 정책과 운동 확산의 가능성을 확인할 수 있었다. 이 책 2장('왜 어떤 노동자들은 더 고통스러운가')과 4장('노동자는 언제까지 참아야 하나')에서 청년노동과 인턴, 유통 판매직과 병원 간호사 그리고 콜센터 상담사와 도서관 사서까지 우리 주위 곳곳에서 일하는 다양한 노동자들의 현실을 엿볼 수 있다.

비정규직 문제와 최저임금은 노동시장 불평등 및 격차와 밀접한 주제다. 이 모든 것이 국가의 법제도와 연동되어 있다. 하지만 법제도는 힘의 역학관계 속에서 변화하기도 한다. 더불어 장시간 노동과 산재문제는 한국 사회 주요 모순과도 맞물려 있다. 그러나 노동시간 단축이나 사회안전망 그리고 기후위기와 같은 문제는 개별 기업이나 노사관계로는 해결할 수 없는 영역이다. 산업화 초기와 같은 생산방식의 파괴적 성장을 뒤로하고 노동생활 세계 전반에 변화를 줄 수 있는 현재적 접근이 필요하다. 서울시 생활임금, 유급병가 및 백신휴가 그리고 노동시간 단축 정책 설계에 참여한 경험은 사회 전반의 시스템 변화 가능성을 확인하게 해주었다. 이와 같은 지방정부의 실험적 모델이나 노동조합의 노동기본권 향상 사례는 3장('우리는 노동자가 아니란 말인가')과 6장('법은 멀고, 제도 변화는 느리고, 세상은 빨리 변한다')에 녹아 있다.

정책 대상에서 배제된 집단이던 청년. 노동 연구자였던 내가 '청년문제'에 관심을 갖게 된 것은 우연한 기회였다. 서비스 산업이나 아르바이트 실태조사 과정에서 청년유니온, 알바노조는 물론 민달팽이유니온과 전국청년정책네트워크까지 다양한 청년들과 교류할 수 있었다. 섣부른 비판적 시각에서 접근하기보다 그저 당사자들의 말을 듣는 데 우선점을 두었다. 그 시간은 연구자에게 큰 자산이 되었다. 청년의 삶과 여정으로 표현되듯, 그간 포착하지 못했던 '청년의 흉터'들이 무엇인지 어렴풋이 알 수 있었기 때문이다. 과속방지턱이 왜 필요한지, 청년들에게 '안전함'이 어떤 의미에서 제기되고 있는지 실감할 수 있었던 것이다. 고장 난 사회를 바꾸기 위한 청년들의 활동은 새로운 사회운동의 모습이었다. 지방정부의 청년정책에서 중앙정부의 청년정책까지, 이행기 노동시장 전반의 모습은 5장('지금, 더 힘든 청년들')에서 이야기를 풀어놓았다.

노동시장의 빠른 변화는 연구자가 따라가지 못할 정도가 되었다. 과거 이해당사자에 기반을 둔 노사관계의 전형이었던 독일과 북유럽 모델은 이제 역사박물관 목록에서나 찾아봐야 할 정도다. 프리랜서부터 플랫폼 노동과 같은 비표준적 고용의 확산은 기존의 법제도로는 포괄하지 못할 정도로 다양하고 이질적이다. 문제는 이런 비현실적 상황의 동질화된 모델이 세계를 지배하는 21세기 자본주의의 전형이 되고 있다는 점이다. 1장 '언택트와 플랫폼의 시대, 추락하는 노동자'에서는 이런 현실을 스케치했다. 제도가 지체되는 것에 순응하지 않고, 변화를 추동하는 모습도 이 책에서 제시하고 싶었다. 우리 사회의 역동성이나 정책의 상상력을 통한 새로운 노동체제와 실천들을 함께 공유하고자 했다. 7장 '꿈틀꿈틀, 가능한 변화들'은 그 대안적 사유들이다.

이 책은 2015년 이후 신문에 기고한 글이나 2017년부터 경향신문에 연재한 〈세상읽기〉 칼럼의 원고들을 묶은 것이다. 대부분 글을 쓴 시기마다 사회적 이슈나 쟁점이 되었던 주제들이다. 연구조사나 토론회 과정에서 확인된 사실을 비롯해 노동교육을 다니면서 알게 된 내용들 중에는 독자들과 공유하고 싶은 주제들이 많았다. 또한 책에 담긴 다수의 글에는 노동문제를 정책으로 만들기 위한 활동 과정이 담겨 있기도 하다. 꽤 많은 내용은 정책 형성 과정에 참여했던 경험이나, 노사관계 혹은 노조 및 청년활동가들과 토론했던 것들이다. 책에 담긴 글들은 그저 평론가적 위치에서 바라본 접근이 아니다. 그렇기에 사회적 모순을 새롭게 해석하고, 정책을 대안적 논의로 진전시키고자 하는 주장의 강한 흔적을 엿볼 수 있을 것이다. 물론 일부 글은 정책 수립 과정의 중재자적 위치에서 평가한 것이기도 하다.

책을 출간해야겠다는 생각은 오래전부터 하고 있었다. 가끔 노동문제를 쉽게 알 수 있는 책을 추천해달라는 이야기를 접할 때가 많았다. 그런데 막상 생각해보면 그런 책을 찾는 것이 쉽지 않았다. 특정 분야나 영역을 다룬 책은 많지만, 플랫폼 노동이나 프리랜서, 청년문제와 같은 최근 이슈와 다양한 분야를 조망하는 입문서 성격의 책을 찾는 것은 여의치 않았다. 이 책이 모두를 만족시킬 수는 없겠지만, 노동문제에 관심을 가진 청년, 학생부터 노동자와 시민들에게 입문서의 역할을 해주고, 더 넓게 관심을 펼쳐갈 수 있는 징검다리가 되어주면 나름의 의미가 있을지도 모른다.

애초 2020년 출간 계획을 세웠으나, 코로나19 시기 다양한 연구와 활동에 시간을 보내면서 미루어지게 되었다. 이 책의 구상에 도움을 준 정치발전소 조성주 이사와 '내가 만드는 복지국가' 기현주 공동대표에게는 특별한 고마움을 표한다. 또한 책 출간을 위해 꼼꼼하게 교정과 편집부터 책의 구성과 제목까지 의견을 주신 이현미 편집자, 임경훈 대표께도 감사한 마음을 전하고 싶다.

《노동자의 시간은 저절로 흐르지 않는다: 조각난 일터와 불평등한 노동》은 전국의 청년활동가와 노동조합 조합원 및 노동자 그리고 일하는 시민들과 함께 만든 글 묶음이라고 생각한다.

_2021년 12월

차례

3장 우리는 노동자가 아니란 말인가

4장 노동자는 언제까지 참아야 하나

1

언택트와 플랫폼의 시대 추락하는 노동자

플랫폼 노동,
기술혁신과 위험성 사이

전 세계적으로 우버나 배달앱으로 표현되는 '플랫폼 노동'이 사회적 이슈다. 우리나라에서는 '타다' 드라이버나 '쿠팡' 플렉스 기사, '대리주부' 가사 서비스 직업이 대표적이다. 이들 대부분은 정보통신기술ICT과 융합되어 하나의 산업 생태계로 형성된 것이다. 이전에는 존재하지 않던 직업이 하나둘 생겨나더니 어느덧 꽤 많아졌다. 이미 다수의 배달업이 플랫폼 노동으로 이동했다. 몇 년 전과 달리 일자리 지도가 바뀌는 것 같다. 그렇다면 플랫폼 노동은 우리에게 기회일까, 위기일까?

유럽연합 국가들의 플랫폼 노동자 규모는 취업자의 11.9% 남짓이다. 기술 발전에 힘입어 온라인 노동의 증가는 전 세계적으로 확산되고 있다. 2019년 경제협력개발기구OECD 자료에 따르면 거의 매년 26% 이상 성장하고 있다. 특히 소프트웨어 개발 및 크리에이티브, 멀티미디어 직업군의 성장이 확인된다. 이를 두고 일부 학자는 '디지털 부둣가'나 '디지털 갤리선 노예'라며 일감 찾는 가상이민과 같은 표현을 사용하기도 한다. 우리나라도 플랫폼 노동 규모가 발표되었는데, 취업자의 7.6%(약 179만 명) 수준이다. 하지만 IT나 물류·유통 산업의 규모를 보면 그보다 더 많을 것이다.

이런 이유로 국제노동기구ILO는 디지털 경제 시대 노동의 미래에 대한 논의를 시작했다. 플랫폼 노동의 정의와 유형부터 대안까지 논의가 매우 활발하다. ILO는 플랫폼 노동을 온라인 작업의 '웹web' 기반 일자리와 배달 운송·가사 서비스 작업처럼 '지역local'에 기반을 둔 일자리로 구분한다. 언론에 알려진 몇몇 사례만 보더라도 플랫폼 노동은 전 세계 다양한 지역의 노동자들에게 새로운 소득 수단을 제공한다. 앞으로 디지털 경제 시대의 핵심은 데이터 가치 창출인데, 제조업 못지않은 부가가치를 창출할 것이다. '바퀴 달린 컴퓨터'라는 표현처럼 플랫폼 노동은 기존 유해 환경에서 벗어난 일자리 창출 효과도 있다. 또 일과 삶의 균형이 자유로운 일자리도 있다. 꼼꼼히 봐야겠지만 가사

서비스 영역처럼 비공식 부문의 일이 공식 부문으로 전환된 긍정성도 있다.

문제는, 산업은 성장하는데 명확한 사용자가 없다는 것이다. 그래서 '고용 없는 성장'이라고도 한다. 플랫폼 노동자 다수가 근로 계약이 아닌 사업자 계약을 맺고 있기 때문이다. 그렇다 보니 최저임금이나 휴일 휴가, 퇴직금, 사회보험 등을 적용받지 못한다. 실제로 우리에게 익숙한 플랫폼 노동자들은 보수가 낮고 최저임금 미만의 임금을 받는다. 게다가 플랫폼 노동 중에는 이전보다 더 심각할 정도의 시간 압박과 스트레스를 받는 직업도 많다. 대표적인 것이 고객 서비스 평점과 리뷰 시스템이다. 고객 평가는 소득 및 일자리와 직결된다. 좋은 평가는 등급 향상으로 연결되고, 본인의 소득에 직접 영향을 미친다. 일부 기업은 서비스 평가가 낮은 사람들을 회원 목록에서 탈퇴시키기도 한다. 결국 고객에 의한 통제가, 단순 통제가 아닌 일자리 상실의 신호인 것이다.

플랫폼 노동은 이미 국경을 초월해 노동법 준수 여부를 모니터링하기 어렵다. 계약과 서비스 제공 과정에서 발생하는 불공정한 대우를 시정할 공식적인 제도도 없다. 일부 고숙련 일자리를 제외하면 중간 수준 일자리들이 저숙련 플랫폼 노동으로 대체될 개연성도 많다. 플랫폼 노동은 앞으로 더 확대될 것으로 예상되기에 최소한의 권리와 보호가 필요하다. 이미 대안적 논의가 시작되고 있다. 시장에서의 표준적인 계약과 수수료 책정, 계약 방식이나 고용 형태와 상관없는 사회적 안전망 적용, 데이터 및 사생활 보호 논의 등 여러 대안이 제시되고 있다.

일부 학자들은 '디지털 과세'를 통해 플랫폼 노동자의 소득과 실업급여, 유급휴가, 교육훈련 등에 활용하자고 주장하기도 한다. 독일·프랑스(노동법), 덴마크(단체협약), 이탈리아(사회협약)에서는 플랫폼 노동자에게 노동자와 동등한 권리를 부여한 사례도 있다. 플랫폼 경제 시대를 맞아, 이제 우리도 기술혁신과 위험성 사이에서 미래의 일이 어떻게 변화할지 논의할 시점이 된 듯하다.

_ 2019. 8. 3

아마존보다 더한 쿠팡의 약탈적 비즈니스 모델과 노동 착취

쿠팡은 아마존의 한국판 모델이라고 해도 과언이 아니다. 짧은 기간에 시장점유율 1위 전자상거래업체로 성장한 것뿐만 아니라, 공격적인 투자와 수직적 통합 전략도 같다. 실제로 창사 초기에는 적자였으나 몇 년 후 폭발적으로 성장한 것까지 흡사하다. 쿠팡은 아마존을 롤모델로 삼고 있는 것으로 알려져 있다. 쿠팡 스스로 아마존을 잘 벤치마킹하는 회사라고 자평할 정도다. 두 기업의 10여 개 비즈니스 모델도 동일하다. 배송 시스템은 물론 유료 멤버십, 판매자 노출 방식 등 차이점을 확인할 수 없다. 물류관리 시스템으로 불리는 풀필먼트 Fulfillment와 배송, 배달 형태와 핀테크(쿠팡페이 vs 아마존페이) 활용까지 같다.

그러나 쿠팡과 아마존의 관리를 위한 지도화나 작업 흐름 시스템, 고용 모델 등을 살펴봐야 한다. 특히 두 회사의 물류센터는 최악의 '살인적' 노동환경이다. 자동화된 시스템에서는 노동자의 자율성을 찾아볼 수가 없다. 개인당 업무 할당이 실시간으로 모니터링UHP되고, 감당하지 못할 정도의 노동강도를 감내해야 한다. 쿠팡 물류센터의 '쿠펀치'라는 출퇴근 앱의 와이파이 비밀번호조차 Qkfmsqothd8*2@(빠른배송빨리)다. 저성과자 망신 주기, 화장실 이용 허가 등 천박한 자본주의 괴물과 같은 통제관리가 잔존하고 있다.

100여 개에 이르는 쿠팡 물류센터의 캠프 운영, 교대제 근무 형태와 휴게시간은 물론 극소수 정규직 고용 모델까지 같다. 물류센터 입고-재고관리-출고-허브-배송이라는 전체 작업 흐름에서 쿠지게, 헬퍼, 워터, 쿠팡친구, 쿠리어·플렉서까지 파편적 고용 형태가 확인된다. 쿠팡과 아마존은 물류센터 한 곳당 2500명의 인력 중 정규직이 5~10% 남짓에 불과하다. 전국 쿠팡 물류센터 4500명의 분류보조 담당 헬퍼는 거의 일용직이다. 차이점이 없는 것은 아니다. 아마존이 외부 컨설턴트의 충고로, 은퇴한 연금 생활자를 특정 시기에만 계절노동자로 활용한다는 점이 다를 뿐이다.

문제는 아마존보다 더 약탈적 고용 모델인 쿠팡의 배송·배달 서비스다. 아마존이 2일 이내 배송인 것에 비해, 쿠팡은 '새벽·로켓배송'이라는 이름으로 당일 배송을 한다. 배송 또한 쿠팡과 아마존 모두 '플렉서'라는 플랫폼 노동자 활용을 특징으로 한다. 이처럼 쿠팡의 성장 이면에는 폭력적인 노동 착취와 통제가 존재한다. 쥐어짜기식 경영은 냉난방이 되지 않는 작업 환경에서도 확인되고 있다. 최근 2년 사이 쿠팡에서 10명 남짓 되는 노동자가 목숨을 잃었다. 그런데도 쿠팡은 산업시설 설계보안 문제로 개인 상비약조차 반입하지 못하도록 하고 있다.

아마존 물류센터에는 이부프로펜이라는 해열진통제 자판기가 있는데, 노동자들은 이것을 두 알 또는 네 알 정도 먹고 하루하루를 버틴다. 발바닥 근막염이나 건염을 비롯해 반복적 작업으로 인한 근골격계 질환 등이 난무한 21세기 재해공장을 펼쳐놓은 것만 같다. 노동조합 설립이나 활동이 여의찮은 미국에서 제작된 영화 〈노매드랜드Nomadland〉는 미국 아마존 물류센터의 현실을 생생하게 그리고 있다. 다소 고발적이지만 쿠팡 물류센터를 이해하는 훌륭한 교과서로 보인다.

이제 오프라인과 온라인의 경계가 허물어진 다양한 자본 형태가 쿠팡을 통해 어떻게 작동하는지 우리는 확인하고 있다. 온라인 중계 서비스 공정화나 투명성 규제 법률조차 적용받지 않고, 산업 간 생태계까지 파괴하는 탈경계화의 표준적 모델이 될지도 모른다. 최근 자체 브랜드 상품CLPB까지 사업화하는 것을 보면 가히 약탈적 경제를 방불케 한다. ILO가 발간한 2019년 노동안전보건 보고서는 "모든 수준에서 노동자가 안전하고 건강하게 일할 권리가 존중되는 문화를 형성하는 게 중요하다!"고 지적하고 있다. 문구 아래에는 아마존 물류센터 사진이 삽입되어 있다. 2021년, 3536개에 이르는 국내 저온 물류센터의 노동 상황은 아마존이나 쿠팡과 어떤 차이가 있을지 궁금하다.

_ 2021. 7. 16

4차 산업과 플랫폼 노동 길들이기

언제쯤이면 로봇이 내 일을 대신할까? 기계는 어디까지 우리 일자리를 가져갈까? 답변하기 쉽지 않지만, 일자리 상실의 두려움이 곳곳에서 확인된다. 마트 곳곳을 누비며 재고를 파악하고 물건을 옮기는 로봇, 패스트푸드 햄버거를 만드는 로봇, 주차 안내와 경비 로봇, 전화상담 로봇과 운전사 없는 택시까지, 기계가 우리의 많은 일자리를 차지하고 있다. 그러니 '4차 산업혁명'은 그 표현에서 드러나듯 대중의 관심과 호기심 대상일 수밖에 없다.

요즘 서점에 가면 4차 산업혁명 서적들이 가장 먼저 눈에 들어온다. 출판계의 불황에도 4차 산업혁명 책들은 한때 30% 이상 판매 증가를 보였다. 어쩌면 언론매체들의 과잉 기사가 위기를 부추긴 측면도 있을 것이다. 그리고 기업과 학계의 묻지 마 강좌나 토론도 한몫했다고 볼 수 있다. 그렇다면 정말 4차 산업혁명의 실체가 있는지 궁금해진다. 사실 개념적으로는 산업4.0이 맞다. 이 말은 2000년대 초 독일 정부의 제조업 강화 연구에서 시작된 이후 2011년 하노버 산업박람회에서 '산업4.0'이라는 개념으로 처음 공론화되었고, 이듬해 정부에 권고안이 제출되면서 본격적으로 추진된 것이다.

그러나 한국에서는 애초의 취지와 무관하게 이세돌과 알파고의 바둑대국이 4차 산업의 실체를 확인하는 계기가 되었다. 기술 발전이 사회 전반에 파급될 수 있음을 보여준 것이다. 언론은 인공지능이 인간을 대체할 수도 있다는 불확실한 미래를 제시했다. 일부 언론은 세상이 뒤바뀔 거라며 위협적인 분위기까지 조장했다. 그 후 4차 산업혁명이라는 낯선 단어가 일상을 휩쓸고 있다. 인공지능AI이 내 일을 대체할 것이며, 인간과 로봇의 일자리 전쟁이 시작되었다는 말까지 나왔다. 4차 산업 관련 비즈니스 환경은 매우 급격히 변화하고 있다. 특히 공유경제나 디지털 경제는 그 속도를 따라가기 힘들 정도로 확장되고 있다.

우리가 눈여겨볼 것은 아마존과 배달앱이다. 아마존은 점원도 계산대도 없는 매장(Go), 메뉴 없는 바(Bar), 서점(Books)까지 끊임없이 실험하고 있다. 물론 아직 실험 단계들이다. 그러나 자동화나 디지털화는 우리 일상에 깊숙이 침투한 지 오래다. 우버, 에어비앤비와 같이 정보기술과 네트워크를 활용한 산업은 더욱 빠르게 확산되고 있다. '카카오 택시'나 '배달의민족'처럼 온라인으로 일을 수행하거나 서비스를 제공하고 보수를 받는 플랫폼 노동이 대표적이다.

빠르고 편리하긴 하다. 그러나 기술 발전이 우리 사회 전반에서 향유되는 것은 아니다. 무엇보다 4차 산업은 기존의 노동자 보호 규정을 밀어내는 새로운 형태의 일자리들을 만들어낸다. 이 때문에 전통적이고 표준화된 일자리들이 위기에 직면한다. 대표적으로, 플랫폼 노동은 부족한 숙련된 노동력을 불안정한 저임금 일자리들로 대체하고 있다. 일하는 모습만 보아서는 플랫폼 노동자와 전통적인 노동자가 하등 다를 것이 없다. 직업도 같고, 작업방식이나 기술수준도 다르지 않다. 단지 계약관계가 달라, 그로 인해 사회적 관계가 달라질 뿐이다. 플랫폼 노동자는 자영업자 형태인 개인 사업자로 분류된다. 이 때문에 플랫폼 노동은 노동법이나 사회보험 사각지대에 놓인다.

4차 산업은 서비스, 지식, 노동 등 사회 전체에 큰 변화를 불러온 것이 사실이다. 특히 자본 편향적 기술 발전은 사용자 없는 고용과 편향적 '부'를 초래한다. 따라서 신기술의 혜택이 우리 모두에게 분배되어야 한다. 로봇의 이득을 나누고, 플랫폼에 세금을 부과하자는 목소리는 그래서 의미가 있다. 이미 ILO나 EU는 '보호가 필요한 노동'의 개념과 규제를 제시한 바 있다. 최근 독일은 '노동4.0'을, 프랑스는 '플랫폼의 사회적 책임'을 강조하고 있다. 이들 모두 노동의 관점에서 4차 산업에 접근한다. 대체로 좋은 일자리를 만들기 위한 해법들이다.

이제 우리도 노동의 인간화를 위해 미래를 생각하고 행동하려는 사회적 대화와 전략이 필요한 시점이다.

_ 2017. 11. 17

SNS가 침범한
경계 없는 노동시간

카카오톡, 밴드, 텔레그램, 페이스북…. 언제부터인가 우리 생활을 침범한 녀석들이다. 주위를 둘러보면 60개가 넘는 카카오톡 모임방을 갖고 있는 사람도 있다. 카카오톡은 여기에서 그치지 않는다. 단순 문자 메시지나 게임, 택시 예약 서비스는 초기 버전이다. 금융 거래와 영화 예매까지 가능하며, '헤이카카오'라는 인공지능 스피커는 원하는 음악도 들려준다. 또한 정부 고지서나 통지서까지 카카오톡을 통해 배달된다. 이제 카카오톡은 일상생활을 지배하는 만능 플랫폼이 되었다.

물론 기술의 발전은 우리에게 편리함을 준다. 그런 행복을 향유할 수 있다는 점에서 보면 혜택받은 세대인 듯도 하다. 그렇다면 정보통신기술 발전 과정에서 일어날 수 있는 불행한 일은 없을까? 최근 몇 년간 '카톡 감옥'에 갇힌 직장인, '카톡'이 두려운 노동자를 다룬 기사를 많이 접해왔다. 카카오톡이나 페이스북과 같은 '사회관계망서비스SNS'의 폐해가 만만치 않다. 퇴근 후에는 물론 주말에도 시도 때도 없이 울리는 카톡 때문에 스트레스를 호소하는 직장인이 늘고 있다. 휴일이나 업무시간 외에도 연락을 받거나 일을 해야 하기 때문이다. 문제는 당장 급한 일이 아닌 경우가 더 많다는 점이다. 다음 날 아침이나 월요일에 해도 전혀 문제가 되지 않는 것들 말이다.

단톡방은 소통과 공유를 강조하고 빠른 정보를 연결하는 수단이지만, 한편으로는 '족쇄'나 다름없다. 단톡방에서 업무 관련 내용만 오가는 것도 아니다. 사생활과 관련된 것도 많다. 직장에서 업무상 필요해 단톡방을 만들겠다고 하면 거부할 수 있을까? 업무 보고와 업무 지시 때문이라고 하면 '울며 겨자 먹기'로 응해야 한다. 부서장의 썰렁한 메시지에 아무런 답을 달지 않으면 어떤 상황이 벌어질까? 어쩌면 승진을 포기해야 할지도 모른다.

충격적인 수치도 확인된다. 서비스 노동자 3046명을 대상으로 실시한 조사 결과, 10명 중 4명(37.5%)이 퇴근 후 SNS, 이메일 등으로 업무 지시를 받는다고 답했다. 1주일에 평균 2.3회,

87분의 부가적 일을 하고 있는데, 1년이면 무려 69.6시간이나 된다. 휴일에도 일일이 메시지를 확인해야 하고, 퇴근 후까지 이어지는 업무 지시로 인해 공적 공간과 사적 공간의 경계선이 허물어진 지 오래다. 일과 삶의 균형이 파괴되고 있는 것이다. 시간과 장소의 제약을 받지 않고 유연하게 일할 수 있는 '원격근무'나 '재택근무' 형태로 바뀌면서 카톡에 갇힌 직장인들의 굴레가 시작되었다. 최근에는 공공기관마저 언제 어디서나 효율적으로 일하라며 '스마트 워크'를 앞다퉈 도입하고 있다.

사실 원격근무(telework)는 '멀리서(tele)' '일한다(work)'는 의미다. 1973년 미국에서 만들어진 이후 45년이 지난 지금은 전 세계적으로 일상화되고 있다. 그러나 이쯤 되면 카톡이나 이메일, 문자 등으로 업무 지시를 하는 새로운 형태의 노동에 대해 고민해봐야 한다. 최근 기업들 스스로 규제 움직임이 보이기도 한다. 밤 10시 이후나 주말에 SNS로 업무 지시를 하지 못하도록 한 곳도 있고, 이 문제를 노사 간 단체협약으로 체결한 곳도 있다. 이미 유럽 몇몇 기업은 업무시간 이후 회사에서 보낸 이메일이 도착할 경우 삭제하고, 휴가 기간에는 보낸 사람에게 '부재중'이라는 정보와 함께 업무를 대체할 사람의 연락처를 안내하도록 하고 있다. 또한 업무용 스마트폰은 업무 종료 30분 뒤 이메일이 중지되었다가 다음 날 업무 시작 30분 전에 서비스되기도 한다.

최근 우리나라 20대 국회에서도 퇴근 후 SNS 등을 활용한 업무 지시 금지법이 세 개나 제출된 바 있다. 현실적으로 이런 법안이 통과되기 위해서는 많은 고민이 필요하다. 특히 '긴박하고 꼭 필요한 경우'와 같은 단서 조항의 해석을 둘러싼 갈등은 분명 쟁점이 될 것이다. 그러나 퇴근 후나 휴일 업무 지시를 당연한 것으로 인식하는 문화부터 바꿔야 한다. 프랑스에서 '연결되지 않을 권리' 법안이 통과된 것은 이와 무관하지 않을 것이다. 카톡이 침범한 경계 없는 노동시간에서 벗어나기 위해서는 국회의 역할이 필요하다.

_ 2018. 1. 12

최근 우리나라 20대 국회에서도
퇴근 후 SNS 등을 활용한 업무 지시
금지법이 세 개나 제출된 바 있다.
현실적으로 이런 법안이 통과되기
위해서는 많은 고민이 필요하다. 특히
'긴박하고 꼭 필요한 경우'와 같은
단서 조항의 해석을 둘러싼 갈등은
분명 쟁점이 될 것이다.

프랜차이즈 편의점, 명절 하루는 쉬자

'1인 가구 시대, 혼밥족을 위한 공간.' 바로 편의점을 빗댄 말이다. 이제는 거리마다 편의점 없는 곳이 없다. 너무 많다 보니, 없으면 이상하다는 생각까지 든다. 요즘 편의점의 역할은 정말 다양하다. 도시락이나 약품도 구입할 수 있고, 택배와 은행, 세탁 서비스까지 이용할 수 있다. 흡연자 절반 이상이 편의점에서 담배를 구입한다. 그만큼 편의점은 우리 일상생활에 없어서는 안 될 필수불가결한 존재로 자리 잡았다.

편의점은 언제 우리 주위에 나타났을까? 1989년 5월, 1년 365일 하루 24시간 내내 물건을 파는 가게(세븐일레븐)가 서울 송파에 생겼다. 당시 언론은 '구미식 구멍가게' '심야 만물 슈퍼'

라는 별칭을 붙여 소개했다. 이것이 우리나라 편의점의 시작이다. '편의점 왕국' '편의점 나라'로 불리는 일본은 1974년 도쿄에서 세븐일레븐이 처음 문을 열었다. 사실 1927년 미국 텍사스에서 처음 개점할 때 오전 7시부터 오후 11시까지 영업한다는 뜻으로 '세븐일레븐'이라고 상호를 정했는데, 이후 거짓말이 되었다. 24시간 내내 영업하고 있으니 말이다.

편의점 한 곳당 인구는 한국이 일본과 미국에 비해 많다. 1998년 IMF 외환위기 이후 퇴직자 사이에서 '만만한 게 편의점' 운영이었다. 창업 비용이 여타 프랜차이즈에 비해 적기 때문이다. 한때 편의점이 '퇴직자의 꿈'이던 시절이 있었다. 그러나 최근 편의점 수익률은 점차 하락세를 보이고 있다. 전체 시장은 커졌지만, 점포 간 경쟁이 과열되면서 수익이 점점 줄고 있다. 일부 편의점은 가맹 본사에 내는 로열티가 인건비보다 많은 곳도 있다. 그래서인지 더는 못 버틴다는 말을 쉽게 들을 수 있다. 그럼에도 '연중무휴 24시간 의무 영업' 가맹 계약에 따라 손님이 없는 심야시간에도 영업을 해야 한다. '갑'과 '을'의 관계에서 본사 눈치를 봐야 하는 점주들은 어디 하소연할 곳도 없다. 건강악화로 폐점하고 싶어도 가맹본부에 지불해야 하는 위약금 때문에 마음대로 문 닫을 수가 없다.

자주 가는 동네 편의점 사장에게 물어보니 지난 몇 년간 명절에 단 한 번도 쉰 적이 없다고 한다. 2013년에 개점했으니 잘 버틴 셈이다. 그런데 2013년은 프랜차이즈 편의점 점주들이 생활고로 잇달아 자살하던 해다. 국내 최대 편의점 대표가 대국민 사과까지 했다. 그렇다면 5년이 지난 지금은 얼마나 변했을까? 공정거래위원회가 '부당한 영업시간' 조정을 피력했지만, 가맹본부의 거래 관행에 비춰 부당한 영업시간 구속 행위를 하면 안 된다는 규정은 실효성에 의문이 많다. 오히려 가맹본부는 심야시간이나 명절 연휴 기간에 고객들이 더 원하기 때문에 어쩔 수 없다는 핑계를 댄다. 본질이 아닌 이유들이다. 따라서 편의점 영업시간 단축 규정을 보다 강화해야 한다.

시선을 조금만 밖으로 돌리면 그 사례를 찾을 수 있다. 한국의 편의점과 비슷한 독일 '키오스크Kiosk'는 매주 일요일 정기 휴점이다. 최근 일본의 패밀리마트는 고객이 적은 점포를 대상으로 심야시간 영업 중단을 시범적으로 운영하고 있다. 교토를 비롯해 6개 지자체는 편의점 영업시간 규제 도입도 시도했다. 프랑스는 독립 자영업자들에게 프랜차이즈 본사와 협상할 권한까지 주고 있다.

유럽 몇몇 나라는 아직도 일요일 정기 휴점을 유지하고 있다.

공항이나 관광지 등 일부 지역을 제외하고는 영업시간도 규제한다. 영업시간 규제나 의무휴업을 실시하는 이유는 무엇일까? 정치·사회적 배경 외에 노동자와 중소 상공인들의 건강을 보호하기 위해서다. 편의점 점주나 가족들은 1주일에 65시간 넘게 일한다. 세계 최장 시간 노동은 자영업자와 무급 가족 종사자들이 더 심각하다. 명절 하루라도 편의점 점주들이 쉴 수 있으면 좋겠다. 최소한 심야영업 시간 조정 정도는 검토해야 한다. 그리 어렵지 않다. 공정거래위원회가 가맹사업법 시행령에 '편의점 명절 휴점' 조항을 추가하면 된다. 물론 시민과 고객은 불편할 수 있다. 과거 동네 약국처럼 지역 거점별로 순번을 정하는 것도 고려할 수 있다. 조금의 불편함이 세상을 바꿀 수 있다.

_ 2018. 2. 9

네이버와 IT업체들의 노동 감수성을 묻다

최근 IT·게임업계에서 잇따라 노동조합이 설립되고 있다. 인터넷 검색 포털 서비스 기업 '네이버'에서 처음 노동조합이 설립되었을 때만 해도 그저 찻잔 속의 태풍으로 여겼다. 그 위력이 약해 별 영향을 미치지 못할 것으로 여기는 사람도 많았다. 한 기업의 특수한 상황으로 치부했다. 그런데 불과 6개월 사이 넥슨, 스마일게이트, 안랩, 카카오, 웹젠, 한컴에서도 노동조합이 생겼다. 이 정도면 IT나 게임업계의 노동조합 설립은 이례적인 현상이 아니라 이유 있는 태풍이라 할 수 있다. 네이버를 비롯해 이들 기업 모두 포털, 게임 등 정보통신 분야 선도기업이다. 그런데 왜 노동조합이 만들어졌을까?

자세히 살펴보면 공통점을 발견할 수 있다. 좋은 직장일 것 같은 이미지가 잘 구축되어 있다. 임금이나 복지가 좋은 곳으로 알려져 있다. 자유로운 직장 분위기, 유연한 근무, 능력에 따른 보상, 다양한 복지제도 등이 언론을 통해 알려졌기 때문이다. 구글이나 페이스북과 비교되는 국내 기업들이다. 대부분 대학생이 취업하고 싶어 하는 직장으로 손꼽힌다. 그런데 IT업계는 이직이 잦다. 평생직장이라는 개념도 없다. 왜 그럴까? 무엇보다 IT·게임업계의 과도한 장시간 노동 때문이다. 지난해(2017) 정부 조사 결과 10명 중 6명이 1주일 평균 60시간 이상 일하고 있었다. 감당하기 힘들 정도로 살인적인 노동조건이다. 이 때문일까? 몇몇 게임업체에서 직원들의 자살이나 돌연사도 있었다.

요즘 유행하는 IT나 게임업계의 '크런치 모드crunch mode'라는 것이 원인이다. 크런치 모드는 게임이나 프로그램 등 제품 출시를 맞추기 위해 야근과 특근을 지속하는 것을 말한다. 3개월 넘는 고강도 노동으로 일상이 심각하게 피폐해진다. 게다가 연장·야간·휴일수당 등이 거의 지급되지 않고, 임금체불은 추정조차 하기 힘들다. IT와 게임업계는 벤처 정신, 열정이라는 이름하에 노동인권 사각지대였다. 한 게임업체는 지난 수년간 엄청난 수익을 달성했음에도 불구하고 직원들은 인센티브를 전혀 받지 못했다. 일부 기업을 제외하고 거의 대부분 기업에서 직원들의 성과평가나 보상기준이 투명하게 공개되지 않고 있다.

더 큰 문제는 구조조정과 고용 불안이 만연하다는 것이다. 사실 IT·게임업체의 개발 프로젝트는 성공률이 10%도 안 된다. 중간에 프로젝트가 중단될 때도 많다. 업계에서는 이런 경우를 '프로젝트 폭파'라고 표현한다. 그렇다 보니 조직개편도 잦고 조직 내 의사결정도 폐쇄적이다. 특히 프로젝트가 끝나면 대기발령, 전환배치, 권고사직 등을 강요하는 것이 일상화되어 있다. 이럴 때마다 "또 당했네!"라는 자조 섞인 말이 위안이라고 한다.

네이버는 40여 개 계열사에서 약 1만 명의 인력이 일한다. IT 업계 특성상 2030세대 젊은 층과 여성도 많다. 그러나 최근까지 네이버는 직원 건강검진이나 조회시간을 노동시간으로 인정하지 않았다. 이런 상황들로 인해, 스스로 노동자로 인식하지 않았던 곳에서 마침내 노동조합이 설립된 것이다. 그러나 네이버의 노사관계 인식과 태도는 매우 실망스럽다. 회사는 지난(2018) 4월 노조 설립 초기부터 노조 활동에 부정적이었다. 노동조합 활동을 위한 사내 메일도, 게시판 요구도, 강당 사용도 불허했다고 한다. 홍보물 배포와 같은 정당한 활동조차 제약한 것은 사실상 헌법이 보장한 노동기본권을 막은 것이다.

게다가 최근에는 지난 6개월 동안 교섭에 소극적이다가 뜬금없이 비조합원이 참여한 TF를 제안했다고 한다. 이 정도면 노동법 81조의 부당노동 행위에 해당할 만큼 위법해 보인다. 프로젝트가 실패하면 사람을 내보내는 회사, 평소 사내에서 직원끼리 인사조차 하지 않는 조직문화, 실패 과정을 인정하지 않는 회사, 이런 현실을 바꾸기 위한 노력이 IT·게임업계의 바람이라고 한다. 바로 회사는 이런 노동자들의 목소리에 귀를 기울여야 한다. 문득 엔씨소프트 노동자들은 안녕한지 궁금하다.

_ 2018. 10. 26

보호받지 못하는 프리랜서와 플랫폼 노동자

바이럴 마케터, 의료 코디네이터, 펫 시터, 모두 예전에는 없던 직업이다. 얼핏 봐선 어떤 일을 하는지도 모르겠다. 이들 모두 특정 기업에 소속되지 않고 자유로이 일하는 프리랜서다. '프리랜서freelancer'라는 말이 그러하듯 사람들은 막연한 기대감을 갖는다. 그 낱말이 주는 묘한 설렘이 있다. 큐레이터나 작곡가처럼 일에 열정과 창의성이 필요한 직업부터, IT 개발자나 컨설턴트처럼 전문직이 많다. 업무시간과 공간의 자유도가 높고, 결과물에 대한 자기 결정권이 높아 직업 만족도 또한 높은 편이다.

그러나 다수의 프리랜서는 일을 시작하면서 떠오르는 것이

'돈'과 '외로움'이라고 한다. 주위 몇몇은 자기 삶을 개척해가는 독립노동자, 혼자 일하는 디자이너라고 표현한다. 하지만 불안정한 삶에 숨겨진 노동의 비애가 있다. 무엇보다 일감이 끊긴 후 통장 잔액이 바닥을 보일 때마다 자존감은 떨어지고 불안감이 커진다. 특히 불안정한 소득이나 사전에 협의되지 않은 무리한 수정 요구 등은 오래된 숙제다. '업계 관행'이라는 미명하에 낮은 단가로 일감을 주는 것은 기본이다. 소위 '갑'의 제안 자체가 소득과 연결되기에 부당한 상황에서 이를 감수하고 일을 수행한다. 심지어 "일할 수 있게 해주었으니 그저 고마워해라!"와 같은 말을 접할 때는 자괴감마저 든다.

프리랜서는 개인 사업자로서 고용상의 지위를 가진다. 이런 이유로 근로기준법과 같은 법적 보호를 받지 못한다. 노동 밖의 노동으로 지칭되는 플랫폼 노동자와도 중첩된다. 코로나19 고용안정지원금을 신청한 특수고용노동자나 프리랜서는 176만 명이었다. 정부 통계에 쉽게 잡히지 않는 새로운 노동 형태들을 확인할 수 있다. 실제로 국내 특수고용, 플랫폼 노동, 프리랜서 규모만 664만 명 정도 된다. 정의당 장혜영 의원실의 국세청 사업소득세 원천징수 분석 결과 약 668만 명으로 나타났다. 이들은 근로기준법을 적용받지 않는 비임금 노동자로, 취업자의

25.1%를 차지한다. 지난 4년 사이 경계가 모호한 노동이 268만 2700명이나 증가한 것이다.

프리랜서에게는 일하는 사람이 보장받아야 할 모든 권리가 부여되지 않는다. 사회구성원의 보편적 권리를 법률로 배제한 것인데, 차별이 법으로 허용되는 것이다. 반면에 프랑스는 이미 오래전부터 문화예술 프리랜서에게 예술활동 성격에 따라 실업급여를 제공하고 있다. 미국 뉴욕시의 프리랜서 보호법, 이탈리아 라치오주의 플랫폼 노동자 보호 조례 등은 새로운 노동 형태를 보호하고자 하는 움직임이다. 독일(옴부즈오피스)과 프랑스(우버관측소)에서는 플랫폼 노동자들의 권익 침해나 분쟁을 해결하기 위한 기구도 운영되고 있다.

우리나라도 서울, 경기, 부산 등지에서 최근 프리랜서 조례가 만들어졌다. 서울과 경기도는 플랫폼 노동 지원 사업을 조례와 정책으로까지 준비하고 있으며, 성남시는 '일하는 시민을 위한 조례'를 마련 중이다. 이것은 모두 일하는 시민 누구나 일터에서 인간으로서 존엄과 가치를 실현하고 행복한 삶을 누릴 수 있도록 하려는 시도다. ILO는 회원국에 보호가 필요한 노동에 대한 새로운 접근을 요구하고 있다. EU도 플랫폼 노동시장의 공정성과 투명성 강화 규칙을 제시하고 있다.

어느 순간 산업·업종·직종별로 프리랜서 생태계가 형성된 곳이 많다. 이제는 프리랜서를 위한 공정계약, 공정노동, 공정보수 가이드라인이 제시되어야 한다. 표준단가나 고용보험 적용, 조기 계약 종료 시 소득 보전과 교육 프로그램이 그 출발이 될 것이다. 중요한 것은 생각이므로, 다르게 사고해야 한다. 코로나19 시기 프리랜서가 겪고 있는 차별의 퍼즐을 바꿀 새로운 규칙이 필요한 이유이기도 하다.

_ 2020. 9. 4

디지털 노동기본권 확장과 플랫폼 노동 보호

영화 〈더 이퀄라이저2〉에서는 리프트Lyft 운전기사가, 〈미안해요 리키〉에서는 택배기사가 주인공이다. 이들 모두 플랫폼 노동자다. 영화의 몇몇 장면에서는 플랫폼 노동의 특성 두 가지를 잘 보여준다. 고객에게 어떤 평점(별점)을 받느냐가 소득 및 일자리 유지와 연결된다는 것과, 근로기준법상 '근로자'가 아닌 '개인 사업자'라는 것이다. 그렇다 보니 업무 차량이나 비품을 자신이 지불해야 하며 아파도 쉬지 못하고 일한다.

플랫폼 노동은 배달이나 운전기사만이 아니라 번역이나 디자인부터 데이터 입력 같은 작업도 많다. 전자는 오프라인 형태로, 후자는 온라인 형태로 일한다. 온라인 플랫폼 노동은 프리랜서 성격도 많다. 이런 이유로 작업 과정의 변경(20.1%)이나 잦은 수정(17.7%) 및 계약조건 이외의 작업 요구(16.9%) 등이 부당한 사례로 확인된다(한국노동사회연구소, 2020). 국내 플랫폼 노동자는 179만 명에 달한다. 절반은 주업이고, 5명 중 1명은 20대 청년이다. 문제는 규모 자체가 아니라 일자리의 성격이다. 10명 중 4명은 바로 직전에 노동자였고, 정규직이 22.3%나 된다. 그만큼 고용유연화가 빠르게 진행됨을 엿볼 수 있다. 이로 인해 2020년 12월 플랫폼 노동자 보호 대책이 발표되었는지도 모른다.

사실 가장 오래되고 상징적인 주문형 플랫폼 중 하나인 '아마존 메커니컬 터크'를 주목할 필요가 있다. 기술의 경이로움, 알고리즘과 인공지능의 강력함에 감탄할 수만은 없다. 터크 참여자 혹은 작업자가 하는 일은 컴퓨터 프로그램이 향후 더 정확히 분석할 수 있도록 데이터를 입력하는 단순 작업이다. 이는 노동의 파편화와 취약성을 강하게 보여주는 사례다. 플랫폼 기업 뒤에서 수십만 명의 '클릭 노동자'가 숨어 시간당 고작 몇십 원 받으며 미세 작업micro-task을 수행한다. 이와 비슷한 기업 다수가 우리가 최근 익히 접하는 스타트업 기업이다.

고용관계의 '플랫폼화'는 자본과 기업의 전통적인 아웃소싱

관행을 재편하고 있다. 기존의 간접고용 비정규직과는 또 다른 형태인데, 불안정 고용의 재활성화 양상들이다. 플랫폼 노동의 확신은 노동기본권과 사회적 보호를 약화시킨다. 특히 최근 몇 년 동안 플랫폼 기업은 전통적인 기업들과 비교할 때 경쟁우위를 확보하고 있음에도 공정한 보상이 없다. 웹 기반 플랫폼 기업의 과다한 수수료(20~30%)는 더 심각하다. 오로지 숨겨진 인간의 노동으로 실행된 결과인데 가히 약탈적 수준이다.

그렇다면 우리는 어떤 선택을 해야 할까? 인공지능이나 컴퓨터 알고리즘을 위해 인간이 단순 반복 작업을 하도록 방관할 수만은 없는 노릇이다. 2018년 ILO는 '보다 공정한 마이크로 워크를 위한 18가지 기준'과 '사회적 보호 체계 3가지 기준'을 제시했다. 노동자가 자영업자로 잘못 분류되면 안 되며, 노동조합을 조직할 권리가 부여되어야 한다는 점을 꼽고 있다. 그 밖에도 이의제기나 행동강령, 고객과 플랫폼 노동자 간 상호 평가체계 등 의미 있는 내용들이 포함되어 있다. 특히 SNS상 혐오 발언, 폭력, 포르노 검열과 같은 정신적으로 고통스럽거나 피해 입을 수 있는 업무는 플랫폼 운영자가 명확하게 구분하도록 했다.

최근 독일도 '플랫폼 경제에서 공정한 노동'을 모토로 보호 정책을 발표했다(2020. 11). 사용자 책임과 사회적 보호 강화, 노동자 입증 책임, 공정한 활동 보장, 계약조건에 대한 통제 등이다. 우리나라도 최근 플랫폼 노동자 보호 입법이 논의 중인 것 같다. 이 보호법에 디지털 노동기본권(알 권리, 참여할 권리, 행동할 권리)이 평등 대우나 노동안전, 사회안전망, 교육훈련과 함께 모두가 보장받아야 할 권리로서 포함되면 좋겠다. 제도의 확장이 플랫폼 '적정 수수료'나 '디지털 플랫폼세' 도입 논의로까지 발전하기를 기대해본다.

_ 2021. 2. 26

플랫폼 노동 해법,
시민 공론화에서 찾다

언제부터인가 '공론화'라는 시민 참여적 의사결정 방식이 활성화되고 있다. 가장 최근에 공론화된 주제는 전 국민적 이슈였던 신고리 5, 6호기와 대입제도다. 2019년에는 서울시교육청(학원 일요휴무제)과 서울시(플랫폼 노동)도 공론화를 진행했다. 공론화란 주로 특정한 공공정책 사안이 초래하거나 초래할 사회적 갈등을 해결하기 위한 모색 과정을 의미한다.

서울시는 올해 두 번째로 시민공론화를 시행했고, '플랫폼 경제와 노동의 미래'를 주제로 선정했다. 6개월 동안 각계 전문가로 구성된 추진단이 꾸려졌으며, 일반 시민과 이해당사자가 여기에 참여했다. 추진 과정은 의제 선정과 자문회의, 전문가 워크숍과 시민 숙의회의까지 총 15차례 공식회의가 열렸는데, 시민 250명이 참여했다. 19세부터 69세까지 연령, 성, 지역별로 다양한 시민이 2주간 책임감을 갖고 플랫폼 노동의 쟁점에 대해 토론했다.

회의에서는 플랫폼 노동의 문제는 무엇이고, 지속 가능한 플랫폼 노동을 위한 대책은 무엇인지 의견을 나누었다. 시민참여단은 95% 이상이 참석했으며 새로운 주제에 높은 관심을 보였다. 특히 의사결정 과정에서 25개 조원들이 제시한 의견을 존중하는 모습은 감동적이었다. 공론화 과정에서 시민들은 그간 협소하고 폐쇄적인 전문가주의나 관료주의에서 벗어나 플랫폼 노동 확산에 따른 실질적인 의견을 제시했다. 숙의 과정에서 오간 대화를 통해 시민들이 깊이 고민한 흔적을 엿볼 수 있었다.

서울시 공론화 추진단은 일반 시민 1000명과 시민참여단 250명을 대상으로 각기 두 차례 의견조사를 했다. 시민 10명 중 9명은 플랫폼 노동이 늘어날 것으로 인식했으나, 플랫폼 노동 개념을 잘 알지 못했다. 사실 1차 숙의 과정에서는 플랫폼 노동의 개념부터 유형과 실태 등 정보전달 그 자체가 중요하다고 생각했다. 그러나 시민들은 빠른 학습을 통해 대안을 찾아나갔다.

플랫폼 서비스의 편리성만이 아니라 사회안전망이나 노동환경 개선에 대한 지적이 대표적이다.

사실 모든 과정에서 시민참여가 핵심이다. 시민참여단은 플랫폼 노동의 쟁점을 도출하고 타인의 의견을 청취하면서, 갈등 해결뿐 아니라 협력적 문제 해결 방법도 제시했다. 플랫폼 노동자의 고용 형태와 적정 수수료 문제, 고객평점제와 분쟁조정기구의 필요성, 사회보험 적용 등 구체적인 의견이 포함되었다. 특히 플랫폼 노동 확산에 따른 쟁점별 시민 인식 변화는 공론화의 성과 중 하나다. 시민참여단을 대상으로 한 두 차례 의견조사 결과 플랫폼 노동자의 사회보장 적용(1차 68.9%, 2차 79.8%)과 플랫폼 운영자·노동자·이용자 간 분쟁 해결 창구 마련(1차 16.4%, 2차 25.6%) 필요성에 더 많은 공감을 표했다.

영화 〈더 베스트 오브 에너미즈The Best of Enemies〉는 사회갈등 해법을 찾기 위한 공론화의 장점을 잘 보여준다. 1971년 미국 노스캐롤라이나주 더럼 지역에서 일어난 실제 이야기를 다룬 이 영화는 절대로 바뀔 수 없는 제도나 관습처럼 이미 생각이 굳어버린 인종차별에 관한 내용이다. 이 영화는 인종차별 문제를 해결하는 과정과 사회구성원의 참여가 얼마나 중요한지 잘 보여준다. 그간 공공정책은 이해관계자의 요구나 상층 전문가들에 의해 만들어진 경우가 많았다. 그러나 플랫폼 노동처럼 새롭게 제기된 노동문제와 관련된 시민공론화는 또 다른 정책 가능성을 보여준다.

시민들은 플랫폼 노동의 사회적 보호 필요성(93.2%)을 제기했고, 사회협약이나 조례 혹은 공동기준 수립 등을 해법으로 제시했다. 때마침 서울시는 ILO와 공동으로 진행하는 '좋은 일자리 도시 국제포럼' 등을 통해 국내외 도시 정부들과도 플랫폼 노동 논의를 시작하고 있다. 또한 학계나 노동계의 의견 수렴을 통해 2기 노동정책 기본계획에 플랫폼 노동과 같은 새로운 노동형태를 포함할 계획이다.

2019년 플랫폼 노동을 처음 접한 시민참여단 후기는 공론화 정책의 효과성을 확인시켜준다. "플랫폼 노동을 처음 접했다. 생소한 단어인 만큼 널리 알려져서 일하시는 분들에게 조금이라도 보탬이 되었으면 좋겠다." 이제 공공행정에서 시민들이 제시한 정책에 중앙정부와 지방정부들이 답해줄 시점이다.

_ 2019. 11. 29

왜 어떤 노동자들은
더 고통스러운가

2

인턴, 은폐된 과도기 노동의 위험성

지난해(2016) 대기업 아르바이트 임금체불이 사회적 문제가 된 지 얼마 안 되었는데, 최근 대기업 통신사 콜센터 실습생 사망사건이 일어났다. 산학협력과 학생 신분이라는 이유로 자본의 이윤 사유화 앞에서 노동의 권리는 찾아볼 수 없었다. 정규 직원도 감당하지 못할 업무를 실습 학생에게 거의 동일하게 맡긴 탓이다. "콜 수를 모두 채우지 못했다"며, 자괴감이 든 상태로 부모에게 보낸 문자 메시지는 우리를 부끄럽게 한다.

우리 노동시장에서는 인턴이나 실습생 규모가 어느 정도인지 정확한 통계조차 없다. 소위 '열정페이'라는 말이 나온 지 몇 년이 지났는데도 정부는 뚜렷한 해결방안을 찾지 못하고 있다. 인턴이라는 이름의 불명확한 고용관계가 민간과 공공부문을 가리지 않고 만연해 있다. 인턴이나 수습 혹은 실습은 이제 제조업과 서비스업을 가리지 않고 모든 산업에서 활용되고 있다. 심지어 지자체의 민간위탁 시설에서는 예산 부족과 일 경험이라는 미명하에 다수의 인턴이 정규직 업무를 대신하고 있다.

2016년 고용노동부는 '인턴 가이드라인'을 발표했다. 불안정한 청년 고용과 실업 문제를 일부 반영한 것으로 보인다. 가이드라인의 핵심은 실습생, 수습생, 인턴 등 교육훈련을 목적으로 하는 '일 경험'과 임금을 목적으로 하는 '근로자'를 구별하는 데 있다. 정부 발표로 인턴은 1일 8시간, 주 40시간 근무를 지켜야 하며, 연장·휴일·야간 근무는 원칙적으로 금지된다. 인턴 기간도 6개월 이내로 제한하고 있다. 업무 난도가 낮은 경우는 2개월을 넘기면 안 된다. 또한 기업 내 상시 종사자 비율 10% 이상의 인턴을 모집할 수 없도록 했다.

우리에게 인턴이란 '이력서의 첫 줄' '경험을 쌓는 아주 바람직한 방법' 등 흥미로운 표현들로 넘쳐난다. 요즘에는 학교에서도 교육과정 중 하나로 다양한 실습제도를 운영한다. 문제는 '직업 세계로의 입문'이라는 좋은 글귀와 학점이라는 명목으로 무

보수이거나 최저임금도 안 되는 수준의 급여를 지급하고 있다는 것이다. 말이 좋아 인턴이지, 노동력 착취나 마찬가지다. 다시 말해 법의 사각지대에 내동댕이쳐진 '법적 소외' 상태 신분이다. 노동시장에서는 인턴의 열정을 빌미로 저임금 노동을 정당화한다. 그래서 인턴은 조직 내 학생도, 노동자도 아닌 그림자 같은 존재다.

우리는 '인턴'이라는 단어가 지닌 모호성에 착목해야 한다. 수습이나 실습 혹은 훈련생 등은 인턴과 달리 근로기준법을 적용받는 노동자다. 반면 인턴은 인턴십이라는 제도에 참여한 사람이니 법률적 용어가 아니다. 열정페이의 문제점이 바로 여기에 있다. 인턴십은 실질적 경험이라는 보상이 따르긴 하지만 보수가 없으므로 '베푸는 행위'이고, 노동력과 경험이 맞바뀌므로 '물물교환 행위'이며, 미래를 위해 현재의 희생을 감수하므로 '신용적립'이라는 비자본주의적 거래에서나 가능한 유형이다. 즉, 물질세계 중심인 현 사회에서는 좀처럼 찾아보기 힘든 사례다. 인턴십제도가 노동과 교육의 본질을 변화시키고 있음을 꿰뚫어봐야 한다.

반면에 투자가치가 높은 인턴십 프로그램은 자리 경쟁이 치열하다. 출세 보증수표가 되는 '명문' 인턴십 프로그램은 돈과 명

예를 보유한 극소수 특권층 자녀들 차지가 된 지 오래다. 우리 사회도 폼 나는 기관의 인턴은 학연과 지연이 없으면 할 수 없을 정도다. 잘나가는 국제기구의 인턴십에도 어깨에 힘깨나 주는 부모를 둔 자녀들이 더 많이 참여하고 있다. 청년실업을 고려한다면 최소한 '공정한 취업 기회'를 위한 모범적인 인턴십 프로그램이 필요하다.

그간 정부도 문제 해결을 위해 다양한 활동을 진행해왔으나, 큰 효과를 보지 못하고 있다. 언론에 기사화된 열정페이 사례들을 보면 노동력에 정당한 대가를 지불하지 않는다는 점, 채용을 미끼로 부당한 근무조건을 강요한다는 점, 정규직 전환과 같은 묵시적 고용관계를 약속했음에도 이행하지 않는다는 점 등이 드러나고 있다. 특히 대기업부터 지자체까지 다수의 인턴을 고용하는 사업장에서도 근로기준법 위반 사례들이 확인되고 있다. 게다가 일부 지자체의 민간위탁업체 가운데는 다수의 인턴을 법률적 위반을 고려해 단시간만 일하도록 하는 곳도 있다. 지자체 청소년상담복지센터의 상담심리사가 대표적인 사례다. 현행법상 주당 15시간 미만 초단시간 노동자는 주휴수당과 사회보험 의무적용이 아님을 악용한 것이다.

ILO는 시간제 일자리와 관련해 1994년 '동등대우 원칙'을 채택한 바 있고 사회보장제도를 권고(제182호)했지만, 우리나라의 법과 제도 아래에서 인턴이라는 이름의 노동자들은 이를 적용받지 못하고 있다. 인턴과 같은 과도기 노동의 증가는 '제도적 사각지대'와 '실질적 사각지대'의 확대를 초래할 뿐만 아니라, 노동시장 내 사회적 배제와 차별 같은 다차원적 노동인권 침해문제로까지 이어질 가능성이 높다. 따라서 미국이나 프랑스, 독일과 같이 현장에서 실효성 있는 인턴 규정이 가능하도록 법제화해야 한다.

수습이나 인턴 직원에게 채용 및 고용을 조건으로 일정한 성과를 요구하는 기업의 잘못된 관행과 제도도 바뀌어야 한다. 이제 기업들도 인턴 채용 과정을 투명하게 공개할 필요가 있다. 무엇보다 정부는 대기업 고용 형태 공시 현황(워크넷)에 인턴 규모를 포함하도록 해야 한다. 특히 다수의 인턴을 채용하는 사업장을 중심으로 수시 근로감독을 통해 위법적 고용 관행을 개선할 필요가 있다. 일을 시켰으면 인턴에게도 최저임금 등 공정한 임금을 지급해야 한다.

따라서 이제라도 정부 차원에서 과도기 노동문제의 심각성을 우리 사회 전반에 걸쳐 공유할 필요가 있다. 또 현장에서 보편적 노동인권이 향유될 수 있도록 단기적·중장기적 정책을 모색해야 한다. 인턴만이 아니라 모든 노동이 '상품'으로 전락하지 않게 하려면 신체의 안정과 인권을 보장해야 한다. "세상은 권리 없는 인간을 물건처럼 취급한다"는 한 법학자의 말처럼, 이제 우리의 일터에서 노동의 권리가 무엇인지 질문해야 할 시점이다.

_ 2017. 3. 17

"너희 특성화고 애들 뽑기 싫다"

기존 상고·공고라는 명칭이 '특성화고'로 변경된 지 10년이다. 구시대적인 어감을 걷어내고 취업역량을 강화하겠다는 취지였다. 특성화고나 마이스터고는 전체의 4분의 1로 600여 개교나 된다. 전국적으로 30만 명이 넘는 학생이 공부하고 있다. 그러나 특성화고 학생들의 현장실습과 졸업 후 직장생활은 인권침해와 차별만이 존재한다. 2016년 5월 지하철 구의역 스크린도어를 수리하던 곳, 2017년 1월 전주 대기업 콜센터 전화상담을 받던 곳, 2017년 11월 제주도 한 공장의 컨베이어벨트 작업을 하던 곳. 바로 특성화고 학생들이 현장실습을 하던 곳이다.

모두 10대 청소년들이 학교에 다니면서 조기 취업의 굴레에서 일하다 산재사고가 난 곳이다. 산업안전보건 기준에 관한 규칙은 지켜지지 않았고, 학생들은 안전교육도 제대로 받지 못한 채 일터에 내몰렸다. 결국 교육부는 올해 안전한 현장실습 제공이 가능한 '현장실습 기업 후보군' 정보를 학교에 제공하고, 일정 기준을 충족하는 업체를 '현장실습 선도기업'으로 선정하겠다고 발표했다. 그러나 교육문제에서 우리가 놓치지 말아야 하는 것은 현장실습만이 아니다. 특성화고를 졸업한 청년들이 일터에서 비인권적 대우나 차별과 침해를 더 많이 경험하고 있다.

지난(2018) 8월 서울시와 서울시교육청은 특성화고 졸업생 노동실태 토론회를 개최했다. "넌 커피색 스타킹보다 검은색 스타킹이 잘 어울려" "난 여자를 볼 때 허벅지랑 엉덩이를 제일 먼저 봐"와 같은 충격적인 이야기까지 흘러나왔다. 특성화고 졸업생들을 대상으로 한 설문조사 결과, 연장근로 수당이나 최저임금 미지급 등 임금체불이 37%나 되었다. 또한 "경력조차 없는 특성화고 졸업생" "너희 특성화고 애들 뽑기 싫다"와 같은 발언에서는 차별의 심각성(23%)도 확인된다.

국가인권위원회법 2조 3항에는 합리적인 이유 없이 성별, 종교, 장애, 나이, 사회적 신분 등을 이유로 차별하지 못하도록 했다. '평등권 침해' 때문이다. 그러나 특성화고 학생들의 현장실습 공간이나 졸업생들의 노동인권을 개선하기 위한 움직임은 미흡하기 짝이 없다. 교육청 취업진로부서는 노동문제에 관심이 없다. 지자체는 학교 내 교육문제에 권한이 없다. 노동청은 청소년 문제를 학교의 몫으로 생각하는 눈치다.

오래된 습관은 반복된다. 개인과 조직은 물론이고 사회도 비슷한 것 같다. 개인과 조직은 변화와 혁신에 민감해 시대의 흐름에 조응하기도 한다. 그러나 학교는 청소년과 청년노동 문제에 관심을 두지 않는다. 그나마 서울시와 서울시교육청, 서울노동청은 '특성화고 현장실습 안전노동인권협약'을 체결했다. 주요 내용은 노동인권 보호와 취업 지원 그리고 보호 대책이다. 공공행정조직 간 상호협력을 도출한 첫출발이라는 점에서 의미가 있다. 반가운 것은 '노동의 가치 인식과 노동인권 존중 사회'가 조례에 명시된 것이다. 모든 학교에서 노동교육이 의무화되기 위한 지역 차원의 첫 시작이다. 또한 당사자인 특성화고 노동조합과 시·교육청이 정례적인 논의를 모색하고 있다고 한다.

이런 흐름이 확대되기 위해서는 중앙정부가 나서야 한다. 무엇보다 현장실습과 졸업 후 첫 일터의 안전과 교육훈련 여부 등을 꼼꼼히 점검할 필요가 있다. 유럽연합 주요 국가들은 청소년

노동 규정을 법에 명시했다. 우리나라는 연소근로자 문제가 헌법 32조 5항에 적시되어 있음에도 무시되고 있다. 이제 우리도 청소년과 청년을 포괄하는 노동보호법 제정이 논의될 시점이다. 매년 수만 명의 특성화고 졸업생이 사회에 진출하는데, 일부 산재사고만 언론에 드러난 것이다. 특성화고 졸업생들이 초기 노동시장에서 겪는 차별과 성희롱 등은 실태조차 제대로 파악되지 않고 있다. 그들이 왜 유독 산재사고를 많이 겪고 있는지, 우리 사회는 반성해야 한다. 지난 수십 년간 자본의 이윤창출 밑바탕에서 끊임없이 배출되는 공급처가 있기 때문일지도 모른다. 노동의 가치는 사회구성원 모두 평등하게 보장되어야 하며, 차별 없는 일터가 그 시작이다.

_ 2018. 8. 31

그들이 왜 유독 산재사고를 많이 겪고
있는지, 우리 사회는 반성해야 한다.
지난 수십 년간 자본의 이윤창출
밑바탕에서 끊임없이 배출되는
공급처가 있기 때문일지도 모른다.
노동의 가치는 사회구성원 모두
평등하게 보장되어야 하며, 차별 없는
일터가 그 시작이다.

파리바게뜨,
프랜차이즈라는 괴물

파리바게뜨 불법 파견의 끝은 어디일까? 지난(2017) 9월 고용노동부는 파리바게뜨 제빵기사 불법 파견을 확인하고 시정명령을 내린 바 있다. 그러나 한 달도 안 되어 물류센터와 배송기사 불법파견 문제까지 불거지고 있다. 파리바게뜨 문제의 본질은 바로 '프랜차이즈'에서 답을 찾아야 한다. 프랜차이즈는 20세기 중반 이후 각종 서비스업에 적용되기 시작하면서 그 자체가 하나의 새로운 사업 양식으로 발전했다. 프랜차이즈는 1950년 밀크셰이크용 믹서 판매원이던 레이 크록Ray Kroc이 맥도널드 형제가 운영하던 식당의 브랜드를 인수해 영업하면서부터 본격화되었다고 한다.

최근 공정거래위원회 자료를 보면 가맹본부의 프랜차이즈는 지속적으로 증가하고 있다. 2013년에 2973개이던 브랜드가 2016년에는 4267개로 두 배나 증가했다. 가맹점 수만도 10만 개가 넘는 것으로 추정된다. 파리바게뜨를 소유한 SPC그룹은 던킨도너츠, 배스킨라빈스, 파스쿠찌, 빚은 등 30여 개의 브랜드를 갖고 있는 이 분야 1위 기업이다. 프랜차이즈의 특징은 브랜드 구축과 가맹점 의존 방식에 있다. 프랜차이즈는 기업에서 주는 강력한 브랜드 혜택을 그대로 유지하면서 비용을 절감해주는 이점이 있다. 게다가 경쟁적인 시장 조건과 이윤 창출 압박 요인이 복합적으로 작용해 아웃소싱을 선택한다.

프랜차이즈 운영 과정에서 각종 규정을 침해할 위험이 더 클 수밖에 없다. 전산 자료를 조작해 연장·휴일근로 수당을 주지 않는 소위 '임금 꺾기'와 같은 형태가 대표적이다. 파리바게뜨 사건에서 확인된 바와 같이 비정규직 휴가비나 수당 등 미지급 체불 금액 110억 원의 문제는 그 단면이다. 그간 SPC그룹은 자사 브랜드에서 일하는 홀서빙이나 조리사는 물론 제빵기사들에게 비인권적 인식을 보여왔다. "그나마 에어컨 나오는 곳에서 일하니 좋지 않으냐!" "최저시급 이상을 주고, 식사 때 빵이라도 주잖아!" 등의 태도를 보였던 것은 익히 알려진 바다.

이처럼 현대 사회에서 프랜차이즈라는 기업 경영은 일자리의 가장 나쁜 모델bad job이다. 현재 프랜차이즈 사업은 자본과 기업의 비즈니스 핵심 전략으로 자리 잡았다. 이 때문에 자사의 브랜드 구축과 충성고객 유치에는 과감하게 투자하면서, 상품과 서비스 제공을 담당하는 직접적인 고용주 역할은 애써 외면한다. 바로 '고용 털어버리기shedding employment' 전략이다. 본사가 아닌 다른 고용주 밑으로 옮겨진 일자리들은 대개 낮은 임금에 복지혜택이 거의 없다. 고용 안정성도 훨씬 떨어진다. 프랜차이즈 가맹점은 수지를 흑자로 돌리려면 인건비 하향 압력이 발생해, 구조상 규정 위반 편향성이 애초부터 내재되어 있는 셈이다.

사실 파리바게뜨 불법 파견 시정명령의 취지는 헌법적 질서에서 만들어진 대법원 판례와 법률을 반영한 것이다. 특히 파견법은 1998년 자본과 기업이 고용유연성을 이유로 정부에 요구해 제정된 것이라는 점을 잊지 말아야 한다. 경영계의 요구로 만들어진 법질서조차 현실을 이유로 수용할 수 없다는 논리는 앞뒤가 맞지 않는다. 영미권과 달리 유럽 대부분 나라에서는 프랜차이즈 사업을 운영하더라도 파견업체를 통해 고용하는 곳이 드물다. 왜 우리나라에서만 기업들이 고용의 특수성을 이야기하는지 모르겠다.

끝으로 공동소유, 공동경영이라는 허구적 슬로건에 숨겨진 프랜차이즈 이면을 되짚어봐야 한다. 우리는 자본주의 시장 구조와 광범위한 아웃소싱에서 비롯된 경쟁 상황을 추적할 필요가 있다. 초점은 서비스 시장의 부상, 프랜차이징 영업방식, 총수입에서 과도한 본사 수수료 지불 문제 등이다. 특히 프랜차이즈 기업의 막강한 영향력은 재고되어야 한다. 왜 본사의 '갑질' 횡포를 감내하면서도 돈벌이가 되지 않는 프랜차이즈는 지속·확대되는 것일까? 어쩌면 지난 20년 사이 우리 사회·경제 전반에 걸친 근본적인 고용 구조조정의 결과일지도 모른다.

지속 가능한 경제와 사회를 위해서라도 이제는 프랜차이즈 모델이라는 '괴물'에 대한 개입과 재규정이 필요한 시점이다.

_ 2017. 10. 20

명품 샤넬의 오만한 민낯

가끔 백화점 앞을 지나가다 보면 유명 브랜드들을 접하게 된다. 호기심에 들어서면 명품 화장품들이 가장 먼저 눈에 띈다. 대부분 글로벌 외국 기업의 제품이다. 샤넬, 에스티로더, 랑콤, 디올, 시세이도, 클라랑스, 록시땅 등 다양한 제품이 즐비하다. 국내 백화점에는 미국과 프랑스에 본사를 둔 화장품 4사 브랜드 매장 수만 950개 정도 된다. 특히 샤넬은 70여 개 매장을 운영 중이며, 전체 직원이 1100명이 넘는 대기업이다. 샤넬이 국내에 진출한 지 벌써 30년이 다 되어간다. 하지만 글로벌 기업을 자처하는 샤넬의 경영전략은 지탄받아야 한다. 무엇보다 노동인권 침해와 불성실한 노사관계 인식을 지적

해야겠다.

10여 년간 회사 매출은 지속적으로 성장했음에도 노동조건은 매우 열악한 상태다. 매장 판매직 5명 중 1명은 비정규직이며, 최저임금 수준의 대우를 받고 있다. 2018년 1년 차 신입 직원의 통상임금을 확인해보니 월 170만 원에 불과했다. 샤넬 매장 직원 10명 중 7명이 최저임금 수준이라면 누가 믿겠는가. 게다가 현재 초과근무 수당 미지급 문제가 불거져 소송까지 진행 중이라고 한다. 백화점 매장의 노동 현실은 더욱 암울하다. 3년 전 실시한 국가인권위원회의 유통업 실태조사 결과 샤넬의 내용은 충격적이었다. 1주일 51.3시간 근무, 연차휴가 사용일 4.6일, 신입 직원 퇴사율 40%다.

이뿐만이 아니다. 지난 1년 동안 몸이 아파도 매장에 일할 사람이 없어 출근한 경험이 67.8%나 되었다. 최근에는 임신 여성의 단축근무가 받아들여지지 않아 사산한 직원도 있다고 한다. 지난 10년 동안 현장에서 육아휴직을 사용한 직원은 10명도 채 안 된다고 한다. 회사 규정과 업무수칙은 더욱 황당하다. 손톱 길이부터 머리 모양과 색상까지 엄격하게 관리지침으로 두고 있다. 아침에 메이크업부터 머리 모양까지 규정을 지키기 위해 최소 30분은 일찍 출근해야 한다.

기업의 고속성장 그늘 속에 묵묵히 일했던 여성들이 목소리를 내고 있다. 백화점 샤넬 매장에 가면 낯선 복장의 판매원을 접하게 된다. 평소에는 검은색 유니폼과 짙은 화장을 하던 직원들이 지금은 청바지에 운동화를 신고 있다. 바로 옆에 "저희는 지금 쟁의행위 중입니다"라는 안내판도 보인다. 노동조합이 파업 중임을 알리는 팻말이다. 지난 4개월간 노사협상에서 월 6000원, 연간 7만2000원의 차이를 회사가 수용하지 않아 파업까지 갈 수밖에 없었다고 한다. 샤넬이라는 기업이 고작 1년에 1인당 7만 원의 비용을 감당하지 못할 정도는 아닐 것이다. 샤넬은 연간 매출액이 약 1700억 원으로 동종 업계 1위 브랜드다.

최근(2018) 파업 기간 중 일부 조합원이 노조를 탈퇴했다고 한다. 알고 보니 회사가 노조 탈퇴를 종용한 것이었다. 회사는 지난 9일 노조 탈퇴자 소수를 대상으로 호텔에서 임금 설명회를 개최했다. 노조 탈퇴자들은 올해 초 소위 좋은 매장으로 인사 이동된 바 있다. 노사 교섭과 파업 중에 흔치 않은 일이다. 회사가 노동조합의 조직 및 운영에 지배·개입한 것으로 볼 수밖에 없다.

다행히 노동부 근로감독관과 노조가 현장을 확인하고 법적 절차를 준비 중이라고 한다. 만약 사실이라면 부당노동 행위일 가능성이 농후한데, 위법성을 철저히 조사해야 한다. 최근 언론과 검찰 조사 과정에서 밝혀진 삼성의 경우처럼, 샤넬의 '노조 와해' 시나리오가 아닌지 의심된다. 샤넬은 국내 최고인 ㄱ 로펌이 법률 대리를 맡고 있기에 이런 추측을 해본다.

자국에서는 노동자의 권리를 공화주의 정신처럼 중시하면서, 정작 우리나라 국민의 헌법적 권리는 무시하는 샤넬의 오만한 태도를 묵과해서는 안 된다. 촛불혁명 이후 문재인 대통령은 '노동 존중 사회' 실현을 국정과제로 채택한 바 있다. 최근 정부의 헌법 개정안에는 국민의 '기본권'을 더욱 강조하고 있다. 그러나 지금 우리는 글로벌 샤넬의 민낯을 보고 있다. 전국 백화점 샤넬 매장 앞에 "고객님도 응원해주세요"라는 샤넬 노동자들의 팻말에 적극적인 지지를 보내야 하는 이유다.

_ 2018. 4. 13

도서관 책 사이에 숨겨진 사서의 인권

도서관은 누구나 쉽게 책을 읽고 자료를 찾아보는 곳이다. 때로는 시민들의 휴식처이자 모임 공간이 되기도 하고, 국가와 도시별로 차이가 있지만 지역사회의 다양한 문제해결 공간 역할도 한다. 이런 이유로 외국 도서관에는 직업 상담사나 사회복지사가 배치된 곳도 있다.

도서관 사서 업무는 매우 다양하다. 대출 반납이 주 업무가 아니라 도서관 기획·운영 전반이 핵심 역할이다. 암호 같은 분류 기호를 외워 이용자들이 쉽게 찾아볼 수 있도록 분류하는 일도 그중 하나다. 견학, 독서의 달, 체험행사, 북스타트 등 다양한 프로그램까지 맡고 있다. 사실 도서관 사서의 업무 중 하나는 장서 점검이다. 대출 반납, 소장자료 목록과 실제 도서관 자료의 일치 여부, 자료 폐기, 장서 재배치 등의 업무가 장서 점검인데, 어떤 곳은 이조차 수행 인력이 부족하다. 최근에는 과도한 성과평가 때문에 구 축제, 동 축제, 마을 축제에까지 참가해야 한다.

현재 공공도서관 1042곳에 사서 2만7447명이 배치되어 있다. 하지만 사서가 없는 곳도 50곳에 달한다. 문제는 도서관 사서의 절반 이상이 비정규직이라는 것이다. 언제부터인가 도서관 개관 시간 연장 인력은 계약직으로, 주말은 시간제 비정규직으로 활용되고 있다. 다른 전문직에서는 찾아보기 힘든 초단시간 고용도 특이한 현상이다. 아무리 예산 부족 때문이라지만 실업급여도 못 받는 초단시간 사서가 11%라는 것은 심각한 문제다. 문헌정보학과를 나와 사서로 취업하면 187만7000원의 월급을 받는다. 최저임금보다 고작 10만 원 더 많은 셈이다. 이런 상황이 반복되어 10명 중 4명은 고용불안과 저임금 탓에 이직을 생각하고 있다. 그렇다 보니 공공도서관 사서의 평균 근속기간은 4~5년에 불과하다.

문제는 도서관 사서의 인권침해와 부당대우인데, 2019년 실태조사 결과는 충격적이다. 특히 비민주적 조직에서나 나타날 법한 현상들이 일상화되어 있다. 대표적으로 재단이나 종교법인의 행사 차출(45%), 합리적 이유 없는 업무 재배치(27.8%), 연령(20.6%)이나 비정규직(20.6%)에 대한 부당대우 등이다. 수탁기관 변경 과정에서 불이익이 발생하는 경우는 다반사고, 사서의 81%가 여성인데 육아휴직조차 사용하지 못하는 곳도 있다. 직영 도서관에 비해 민간위탁 도서관이 더 심각하다. 위탁 도서관 중에는 사서 자격증이 없는 이가 관장을 맡고 있는 곳도 있다.

게다가 일상적으로 도서관을 찾는 이용객과 대면하다 보니 감정노동도 심각하다. 이용객으로부터의 폭언(67.9%), 성희롱(14.9%), 괴롭힘(48.4%)은 심각한 수준이다. 소위 '1급 진상' 때문에 경찰이 출동할 정도의 소란도 가끔 발생한다. 그럼에도 민원이 들어오면 항상 "이용에 불편을 드려 죄송합니다"로 시작하는 말만 되풀이하도록 한다. 이용자에게 극존칭을 쓰게 하거나, 무리한 요구를 거절할 수 없게 하는 등의 저자세 서비스 강요는 천박한 자본주의와 관료주의의 폐해다.

지역마다 한 명씩 있는 기초의원이나 지역 유지들의 '갑질'도 하루이틀이 아니다. 민간위탁 법인 대표가 사서들을 모아놓고 진행하는 회의들도 문제다. 매월 1회 법인 재단 대표의 낭독 훈화는 애교에 가깝다. A 종교법인에서 운영하는 도서관 가운데는 사서에게 자발적 후원(?)을 강요하는 곳도 있다고 한다. "주민들을 위해 함께하자!"는 말은 오랜 기간 사서의 인권침해를 은폐시킨 요인이다.

몇 년 전 영국과 프랑스 국립도서관을 이용한 적이 있다. 전문가 못지않은 지식을 갖춘 '사서'가 아직도 기억에 생생하다. 사전에 온라인으로 신청한 자료 제공만이 아니라 연관 자료 목록까지 추가로 전달해주었다. 반면 국내 공공도서관은 마법과 같은 고용법칙이 존재한다. 정규직 사서와 비정규직 사서, 그 외 보조인력(자원봉사·공공근로·사회복무요원 등)이 각각 3분의 1의 비율로 활용된다. 이런 현실을 바꾸지 않으면 전문적인 서비스는 불가능하다. 그간 문화체육부와 지방자치단체, 도서관협회와 대학교수, 그 누구도 이런 문제에 관심을 기울이지 않았다. 이제라도 도서관 책 사이에 숨겨진 사서의 인권을 되짚어봐야 한다.

_ 2019. 11. 1

“간호사의 삶은 예외인 줄 알았다”

몇 년 전, 평소 알고 지내던 간호사를 우연히 만났다. 친구와 함께 영화를 보러 가는 길이라고 했다. “쉬는 날Day off이에요?”라고 물었더니 병원을 그만뒀단다. 다소 놀랐다. 아니 왜? 아직 그만둘 시기가 아닌 것 같은데…. 그저 속으로 물어봤다. 그는 내 생각을 눈치챈 듯 곧장 답했다. “너무 힘들어서 (병원을) 나왔어요.” 그래서 물었다. “그럼 언제쯤 다시 갈 건데요?” 답은 간단했다. “너무 지쳐서 좀 쉬면서 생각해보려고요.”

코로나19 시기 정부는 간호인력 충원과 처우개선을 약속했지만, 현실은 더 암울하다. 간호사 절반은 5년 남짓 되면 떠난다. 신규 간호사의 퇴사율은 44.5%나 된다. 인력 부족과 야간근무에 힘든 업무를 감내하지 못하기 때문이다. 시간 부족으로 끼니조차 제때 먹지 못하고 일할 때가 다반사다. 10명 중 7명이 육체적·정신적으로 지쳐 이직을 생각하고 있다니, 그만큼 일이 고된 것이다. 1년 365일, 하루 24시간 서비스를 제공하는 직업 특성상 주간과 야간의 '교대제 근무'는 어쩔 수 없다. 그러나 한 달 6~7회 남짓 야간근무를 최소화해야 한다. 재정을 고려하면 아무것도 할 수 없다.

우리만 이런가? 잠시 밖으로 시선을 돌려보자. 독일과 한국의 간호사 현실을 비교하면 마음이 더 착잡하다. 독일은 노동자들이 1년 동안 아파서 쉰 날이 11.7일인 반면, 우리는 2일에 불과하다. 28일의 휴가가 보장된 독일과 달리 우리는 15일에 불과한데, 그나마 절반밖에 사용하지 못한다. 인구 10만 명당 간호학과 졸업생 수는 독일(43.9명)과 한국(40.5명)이 비슷하다. 문제는 활동 간호사 인력이다. 환자 1000명당 간호 인력(독일 13.9명, 한국 7.9명)도 그렇지만, 급성기 병원의 간호 인력(독일 4.6명, 한국 1명) 부족은 더 심각하다. 그럼에도 한국 간호사는 독일 간호사 임금의 68%를 받으며 일하고 있다.

사실 간호사 인력 부족과 야간근무는 우리만의 문제가 아니다. 1970년대부터 세계보건기구WHO와 ILO는 적절한 간호 인력 및 노동조건 표준화정책을 공동 개발했다. 그 결과 1977년 ILO는 간호 인력 협약(C 149호)과 권고(R 154호)를 발표한 바 있다. 스웨덴(1978), 핀란드(1979), 프랑스(1984), 벨기에(1988)는 이미 40년 전에 협약을 비준했다. 아주 오래된 협약이라 현재는 아는 사람조차 거의 없다. 간호사의 교육훈련, 일의 전망을 포함한 매력적인 고용 및 노동조건, 노동안전보건 규정, 서비스 계획 참여, 노동조건 상담 및 분쟁 해결을 규정한 협약이다.

장시간 노동과 야간근무는 노동자 개인의 수면, 생체 리듬, 가족 및 사회생활을 교란시킨다. 피로와 기분, 건강과 안전, 일의 능률 등 모든 것에 부정적 영향을 미친다. 특히 간호 인력 부족은 곧 의료 서비스의 질에도 부정적이다. 개인과 환자에게 치명적인 사고뿐만 아니라, 비치명적인 사고를 초래할 개연성이 높다. 적정 인력 배치와 휴식은 미래의 노동에 필수적이다. 해법이 전혀 없는 것은 아니다. 일과 삶의 균형을 고려한 조화로운 노동시간 편성을 모색하면 된다. 이는 장시간 노동과 야간근무, 과도한 업무와 강도, 스트레스 등으로 인한 결근과 이직률을 해소하는 해법 중 하나이기도 하다.

균형 있는 노동시간 편성을 위해 '예측 가능한 교대제 근무형태'로의 이행과 실천규칙 마련을 제안하고 싶다. 핀란드와 호주의 혁신적 교대제 모델이나 프랑스의 노동 강도 줄이기, 스웨덴의 주 4일제 노동시간 단축 사례를 참고할 만하다. 40년 전에 ILO 협약을 비준하지는 못했더라도 더는 우리 모두를 위한 건강과 간호사의 노동 현실을 방치하면 안 된다. "다 좋아지고 혁신되어도 간호사의 삶은 예외인 줄 알았다"는 한 간호사의 말이 아직도 맴돈다. 간호학제를 도입한 지 110년인데, 그들의 노동 현장은 시간이 멈춰버린 것 같다.

_ 2021. 8. 13

방송사 프리랜서라는 소모품

건축가, PD, 아나운서, 리포터, 미술·음악 치료사 등은 모두 전문 프리랜서 직업이다. 언론에서 프리랜서는 주로 유명 인사들의 사례가 소개된다. 무엇보다 전문성이나 창의성을 다루지만, 고소득 이야기가 빠지지 않는다. 영화나 방송에서는 프리랜서가 커피 전문점에 앉아 에스프레소를 마시면서 노트북 컴퓨터로 일하는 모습으로 자주 나온다. 그렇다면 프리랜서의 일은 밝기만 한 것일까? 또한 프리랜서는 좋은 일자리 decent work의 미래상일까?

프리랜서는 정규직과 똑같은 일을 하는데도 회사 직원이 아니다. 비용은 '인건비'가 아니라 '제작비'로 나간다. 그러니 퇴직금이나 실업급여, 건강검진도 제공되지 않는다. 당연히 연차휴가도 없다. 프리랜서는 회사나 고용주들이 대신 지급하는 형태로 모든 세금을 내지만 대부분 직원이 누리는 혜택을 받지 못한다. 소득을 예측하기도 어렵고 변동성도 심하다. 합리적인 계약도 이루어질 수 없다. 일하는 곳에서는 신분증이 아니라 출입증을 받는다. 따라서 프리랜서는 보이지 않는 유령에 불과하다.

국내외 통계에서 프리랜서는 취업자의 5% 남짓 된다. 적지 않은 규모다. 문제는 전통적인 임금노동자도 아니고 자영업자도 아닌 모호한 고용 형태라는 점이다. 프리랜서는, 미국이나 영국에서는 '독립계약자'나 자영업자로 불리고 독일이나 프랑스에서는 주로 '자유직업인'으로 지칭된다. 프리랜서는 이미 기존 노동자와 구분되는 특성을 가진 집단으로 고착된 지 오래다. 명칭상 '프리랜서'라고 불리는 순간, 열악한 노동조건과 사회보장의 미비는 고용의 왜곡을 초래한다.

최근 방송사 프리랜서와 대화하면서 가슴이 답답했다. 사실은 화가 났다. 그녀에게는 1년에 3일의 휴가가 주어졌다. 유급이 아닌 무급이다. 그런데도 다행이라고 한다. 3일이면 정말 중요한 일을 처리할 수도 있고, 다른 곳에 취업할 때 면접이라도 볼 수 있기 때문이다.

지난 몇 년간 그녀의 삶 속에서 '휴가'는 낯선 단어였다. 휴가는 곧 소득의 단절, 경제활동의 단절을 의미한다. 1주일에 6일 출근하면서 고작 주급 40만 원으로 생계를 꾸려간다. 어떤 사람에게는 그저 매년 사용하는 휴가지만, 그녀에게는 정말 '소중한 3일'이었다.

겉으로 드러나지 않는 프리랜서의 상대적 박탈감은 더 컸다. 같은 공간에서 같은 일을 하는 노동자와의 차별은 마지막 남은 자존감조차 상실하게 한다. 야간이나 주말 혹은 명절 근무는 모두 프리랜서의 몫이다. 싫다고 할 수도 없다. 봄·가을 프로그램 개편 때 자칫 실업자가 될 수도 있기 때문이다.

그래서 프리랜서의 고용불안정은 더 클 수밖에 없다. "회사 인력이 아닌 자, 한마디로 회사의 편의대로 쓰고 필요 없으면 언제든 버릴 수 있는 '소모품'일 수도 있다"는 말에 가슴이 막막해졌다. 그곳에서 인간의 존엄성은 찾아볼 수 없었다.

이제 우리 사회도 '보호가 필요한 고용'에 관심을 가질 때다. 지난(2017) 4월 15일 미국 뉴욕시는 '프리랜서보호법'을 제정했다. 주요 내용은 서면계약, 임금 적시 지급, 보복으로부터의 자유, 고용주를 상대로 소송을 제기할 수 있는 권리와 법률 서비스 등이다. 법의 취지는 "신분이나 고용 형태와 상관없이 노동자들의 권리가 보장되어야 한다"는 것이다. 미국이나 영국에서는 프리랜서에게 건강보험과 퇴직연금 혜택을 제공하는 곳도 있다. 유럽 몇몇 협회는 프리랜서 수익의 일정 금액을 상호부조 성격으로 공제하기도 한다. 프리랜서 재교육 비용에 활용하기 위한 목적이라고 한다.

다행스럽게, 최근 국내에서도 프리랜서의 권익 보호를 위한 활동들이 전개되고 있다. 아직은 소수지만, 프리랜서의 권익 보호를 위한 움직임이 시작된 것이다. 프리랜서에게도 일터의 권리가 보장되어야 한다. 현재 MBC와 KBS에서 공정방송을 위한 파업이 진행되고 있다. 파업이 마무리되면 작가나 리포터 등 내부 구성원에게도 관심을 가졌으면 좋겠다. 결방으로 급여를 받지 못한 프리랜서에게 최소한의 휴업수당이라도 지급하면 어떨까. 그 정도 작은 희망을 기대해본다.

_ 2017. 9. 15

방송사 비정규직·프리랜서의 '잔혹사'

방송작가는 노동자인가, 프리랜서인가?

지난(2021) 3월 19일 국내 최초로 방송작가는 '근로자'라는 판정 결과가 나왔다. MBC 보도국 생방송 뉴스 프로그램 구성작가의 부당해고 사건을 둘러싼 중앙노동위원회의 구제 재심신청 사건 판정이다. 보수적 법리 해석과 인식의 전환을 준 사례로, 상상하기 힘든 견고한 벽이 깨진 순간이다. 당사자들과 동료들은 환호성과 함께 눈물을 흘렸다고 한다.

방송 프로그램은 제작 전후 모든 과정이 PD나 스태프 간 유기적인 협업구조를 통해 이루어진다. 생방송 프로그램을 맡을 경우에는 정해진 일정과 장소에 따라 지속된다. 작업 과정에서 업무 재량권도, 개인 방송도 할 수 없는 자가 프리랜서로 불릴 수 있을까. 매일매일 생방송 시각에 맞춰 출퇴근한 자가 노동자가 아니라면, 누가 노동자인가. 요즘 같은 시기에는 정규직조차 한 직장에서 10년간 일하기 쉽지 않다. 오히려 정규직 채용 제안을 해야 맞지 않을까.

최근 몇 년 동안 국회나 국가인권위원회에서 방송사 고용 및 노동환경을 지적한 바 있다. 표준계약 미체결, 여성 아나운서의 차별적 채용 관행, 하청 및 자회사 직원 불법 파견, 임금체불과 부당해고, 제작 현장의 과로사 등 산재 사망사고까지, 사회적 이슈가 적지 않았다. 주 1회 이상 밤샘 작업 35.1%, 약정 기간에 받지 못한 임금체불 52.8%, 휴가·병가 사용 불가 59.3%, 자유로운 임신 결정 불가 70.8%라는 통계는 무엇을 의미할까? 이 정도면 노동인권의 사각지대가 아니라 무법지대로 봐도 무방할 정도다. 방송사 비정규직 프리랜서가 주로 20~30대 여성이라는 점도 짚어볼 대목이다.

방송사에는 약 100개 가까운 직무가 있다. 그러나 정규직은 고작 5분의 1에 불과하고, 대부분 비정규직과 프리랜서, 자회사 직원들이 일을 맡고 있다. 우리에게 익숙한 작가, 리포터, 성우, 음악, 분장 코디, 수어 등 수많은 직업이 거의 그렇다. 프리랜서를 제외한 비정규직 활용이 높은 곳은 MBC(28.6%)와 YTN(26.2%)이다. 문제는 지난 10년 사이 방송 전반의 고용 균열과 파편화가 확대되고 있다는 점이다. 계약직이나 파견용역보다 개인 사업자 형태인 프리랜서 고용이 두 배 이상(40.9%) 증가했다.

사실 2001년 마산 MBC 구성작가와 리포터 몇 명이 "우리도 노동자다"라며, 여성노조에 가입한 이후 언론노조 방송작가 지부가 근로자성을 인정받기까지 20년이 걸렸다. 노동위원회에서부터 법원에 이르는 절차를 밟아야 하는 어려움을 개인이 모두 감내해야 했다. 영상취재요원VJ, 제작 프로듀서PD의 대법원 판결(2011)부터 아나운서 하급심 판결(2019)까지 근로자성을 인정한 개별 판례가 없지는 않았다. 하지만 대부분 근로자로 인정받지 못하거나 소송 과정을 버티지 못하고 일터를 떠났다. 법적 다툼이 그들에게는 쉽지 않았을 것이다.

혹자는 창의성이나 자율성을 이유로 프리랜서 고용을 합리화한다. 그런 이유라면 PD, 기자, 대학교수, 공무원도 프리랜서 활용이 더 효율적이다. 동의하기 어렵다면 다른 해법을 찾아야 한다. 방송 콘텐츠의 질을 높이고 지속 가능한 방송제작 환경을 만들기 위한 대책을 더는 미룰 수 없다. 영국 BBC 작가 직무기술

서에는 "모든 BBC 안전규칙, 절차 및 지침을 준수"하도록 되어 있다. 또한 "BBC와 어떠한 형태로든 3년 이상 근무한 인력에 대해서는 정규직 계약을 제안"할 수 있도록 한 규정을 참고하기 바란다.

현장 상황을 몰랐다거나 실태조사부터 하겠다는 방송통신위원회 관계자의 이야기에 더 화가 난다. 이 정도면 국가인권위원회 직권조사나 노동부가 특별근로감독을 해야 할 상황이다. 아무리 생각해봐도 〈100분 토론〉이나 〈심야토론〉 혹은 〈그것이 알고 싶다〉에서는 방송사 비정규직과 프리랜서 문제를 다룬 적이 없는 듯하다. 같이 일하는 동료로 대우하진 않더라도 차별과 인권침해에 침묵하는 괴물은 되지 말아야 한다.

_ 2021. 4. 23

방송사도 침묵하는 프리랜서의 비애

지난 일요일, 우연히 KBS 프로그램 '저널리즘 토크쇼J'를 보았다. 그날 주제는 '언론의 편파 중계 본질'이었다. 검찰개혁과 언론의 편파 보도 내용과 달리 관심을 갖고 본 것은 마지막 5분이었다. 언론조차 침묵했던 방송사 PD의 죽음을 언급한 것인데, 14년 동안 일한 직원을 우리 회사 직원이 아니라고 이야기하는 방송사의 당당함에 비애가 느껴졌다.

공공부문 방송사는 43곳 정도 된다. 이들 방송사 프로그램의 제작과 지원업무 대부분은 비정규직과 프리랜서가 맡고 있다. 공공부문 방송사 전체 비정규직은 42%(6999명)나 된다. 소속 외 인력으로 파악하는 파견용역 간접고용 비정규직도 13.3%다. 비정규직 활용 직무 중 영상 제작과 보도 제작도 적지 않다. 자회사 비정규직까지 고려하면 더 많을 수 있다. 주요 방송사에서는 프리랜서 인력 현황조차 파악하지 않고 있다. 최근 몇 년 동안 국회에서 방송 스태프나 작가 그리고 아나운서 등 프리랜서 문제가 제기되었음에도 변하지 않는 이유가 궁금하다.

2020년 공공부문 방송사 프리랜서 인력 현황을 파악하려 했으나 매우 힘들었다. 제한적으로, 지역 지상파와 비지상파 15곳의 고용실태는 심각했다. 비정규직(47.6%, 2470명)과 프리랜서(28%, 1452명) 규모가 전체 인력(5181명)의 75.8%나 되었다. 사실상 공공부문 방송사 정규직은 10명 중 2명에 불과한 것이다. 프리랜서 인력이 전체의 절반 이상을 차지하는 곳도 5곳이다. 프리랜서 10명 중 7명(1003명)은 여성이고, 20대와 30대 여성이 75%를 차지한다. 작가나 아나운서, 리포터, 캐스터 등이 대표적이다. 더욱 심각한 것은 특정 직업군에서 여성만 프리랜서로 활용되는 직무가 16개나 된다는 점이다.

이 정도면 방송사는 청년 여성 비정규직과 프리랜서를 착취해 운영하는 곳이라고 해도 과언이 아니다. 프리랜서의 열악한 처우도 확인된다. 정규직 임금을 100으로 할 때 비정규직(35%)과 프리랜서(24.7%)는 3분의 1 수준이다. 지역 지상파 프리랜서

월평균 소득은 180만3000원에 불과하다. 최저임금에도 못 미치는 프리랜서가 절반이라는 것이다. 방송사 프리랜서의 성 차별적 고용은 보수에서도 확인된다. 남녀 고용이 균형적인 곳의 방송사 작가 평균 임금은 186만 원이었는데, 여성만 있는 곳은 165만 원에 불과했다. 이 밖에도 여성이 다수를 차지하는 프리랜서 직무인 리포터(98만3000원), 수어 통역(122만3000원), 캐스터(120만2000원) 등도 저임금 고용 구조와 맥을 같이한다. 반면에 남성 다수 직무인 조명(355만2000원), 편성(279만2000원) 등의 임금은 이보다 두 배 이상 많다.

문화체육관광부 표준계약서를 활용하는 곳은 절반 정도에 불과했다. KBS와 MBC 계약서에는 '질병'과 같은 사유가 계약 해지 조항에 포함되어 있다. 노동 감수성은 단 하나도 찾아볼 수 없다. 아프면 쉬어야 한다는 것은 프리랜서에게 아무런 의미가 없다. 우월적 지위관계를 통한 부당한 조항인데, 우리나라 노동자들이 처한 현실의 밑바닥을 보여주는 단면이다. 영국 BBC(온라인 계약 체결), 캐나다 CBC(프로그램 조기 계약 종료 시 소득 보전)의 좋은 사례를 참고하면 좋겠다.

아마도 지상파 3사와 종편, 뉴스 방송, 케이블 방송, 지역 민영 방송까지 포함하면 더 열악할 것이다. 대한민국 그 누구도 방송사 프리랜서 규모를 알지 못한다는 한 기자의 이야기가 생각난다. 프리랜서는 직원도 아닌 출입자로 취급받으니까. 방송사는 주요 시설임에도 인력 현황을 파악하고자 하는 인식조차 없는 것이다. 내부 구성원으로부터 폭언·폭행이나 성희롱 및 괴롭힘을 경험했다는 기사도 확인된다. 방송사 프리랜서의 고용구조와 노동환경 개선을 더는 늦출 수 없다. 최소한의 일하는 방식과 기준을 위해 방송통신위원회는 무엇을 하고 있는지 묻고 싶다.

_ 2020. 11. 6

우리는 노동자가 아니란 말인가

3

'촛불정부'에 던지는 노동의 목소리

134일간이나 지속된 촛불은 시민들에게 '희망'과 '기대감'이라는 두 단어를 선물한 듯하다. 평소 어려울 것 같다고 말하던 사람들조차 이제는 가능성을 이야기한다. 촛불의 힘은 그렇게 강했다. 실제로 변화의 목소리는 이전과 매우 다르다. 갑갑함과 억눌림에서 벗어나고자 하는 단순 욕망의 분출이 아니다. 새로운 사회에 대한 비전과 대안뿐만 아니라 구체적인 프로그램을 요구하고 있다. 5월 9일 이후 차기 정부가 출범하면, 시민들은 그 답을 얻고자 할 것이다.

기존 정당과 유력 대선 후보들은 너나없이 기대감이 높은 유권자들에게 장밋빛 공약을 제시하고 있다. 노동과 일자리 분야별 공약을 훑어보아도 큰 차이가 없을 정도다. 심지어 노동자 보호, 비정규직 감축, 법정노동시간 보장 등은 특정 후보를 제외하면 거의 비슷하다. 문제는 노동기본권이나 노동조합 같은 정책과 달리 최저임금은 차이가 없다는 점이다. 현재 각 대선 후보들은 2020년까지 최저임금 1만 원 인상을 제시하고 있다. 진보와 보수정당 후보 간 차이가 없는 몇 안 되는 정책이다. 이런 의미에서 최저임금은 '우리 사회에 어떤 임금이 필요한가?'에서 '무엇을 위한 임금인가?'로 변화하기 위한 근본적 물음을 던진다.

그렇다면 2017년 법정최저임금 6470원은 과연 '괜찮은' 혹은 '적정한' 임금일까? 2016년 5월 서울 시민 1000명을 대상으로 여론조사를 한 결과 76.2%가 최저임금이 낮다고 응답했다. 예상 밖의 결과였지만, 시선을 조금만 돌리면 이해가 된다. 미국은 2020년까지 15달러(1만7000원), 영국은 9파운드(1만5000원)로 최저임금을 인상하자는 움직임이 있다. 독일은 2017년에 8.8유로(1만1800원)였다. 그간 시민사회단체는 최저임금 1만 원을 요구했다. 2018년 최저임금 결정은 이제 차기 정부의 몫이 되었다.

최저임금은 노동자들의 기본적인 인간적 존엄을 지킬 수 있는 중요한 제도 중 하나다. 최저임금은 단순히 임금 노동시장에만 그치지 않고 우리 사회·경제 전반에까지 영향을 미친다. 최저임금과 연동된 법률은 실업급여와 출산 및 장애인 그리고 산재보상, 특별재난지역 지원금 등 무려 16개 법안, 31개 정책과 사업에 달한다. 최근에는 지자체 생활임금 결정에도 기준이 되고 있다. 이렇게 중요한 제도임에도 그 파급력을 아는 이가 많지 않다. 어쩌면 이런 이유로 20세기 최고의 물리학자 아인슈타인도 1933년 미국의 법정최저임금제도 도입 필요성을 언급했는지 모른다.

그러나 1988년 시행 당시 최저임금의 취지와 내용이 현실 사회에서 어느 정도 작동하고 있는지 의문이다. 비정규직 비율이 취업자의 절반에 가깝고, OECD 국가 중 저임금 계층이나 임금 불평등이 미국 수준으로 심각한 우리나라도 다르지 않다. 최저임금보다는 많지만 일하는 사람의 3분의 1이 겨우 시급 7000원 이하를 받는 나라, 10명 중 2명은 몇 년째 최저임금도 못 받으며 일하는 나라, 이게 정상적인 나라일까. 사실 1948년에 만들어진 세계인권선언 항목에도 '생활을 할 수 있는 공정하고 유리한 보수를 받을 권리'가 명시되어 있다.

이 때문에 현재의 최저임금 인상이나 개선 논의들이 우리 사회에서 보편적 인권을 향유할 정도의 적정한 임금으로, 혹은 인간의 존엄성을 보장하는 제도로 자리매김할 필요가 있다. 이를 위해서는 최저임금 논의 기준과 방식 등이 개편되어야 한다. 무엇보다 최저임금을 개선해야 한다는 목소리는 일의 성격이나 가치를 고려하지 않은 임금에서 벗어나자는 데서 출발하고 있다. 또한 정부가 지명하는 공익위원 선정 방식도 헌법재판관이나 대법관 선출 방식과 유사하게 개선될 필요가 있다.

한편 최저임금 하면 떠오르는 단상은 아르바이트라는 모호한 직업군이다. 사실 아르바이트는 좋은 일자리라기보다 법을 위반해도 괜찮다는 의미로 더 다가온다. 2015년 조사 당시 청소년을 다수 고용하는 아르바이트 사업체에서 16.2%가 최저임금을 지급하지 않았다. 또한 근로계약서를 작성하지 않은 곳이 42.1%나 되었는데, 이런 곳일수록 임금을 주지 않으려는 '꺾기'와 같은 꼼수도 있다. 저임금도 서러운데 어떤 곳은 각종 유니폼이나 비품을 자비로 구입하도록 한다. 게다가 그만둘 때도 다른 사람을 구하기 전까지 일을 계속하라며 임금을 미지급하는 방식으로 퇴사조차 자유롭지 못하게 한다.

문제는 이뿐만이 아니다. 패스트푸드업체와 같은 곳은 고온의 기름에 감자를 튀기고 뜨겁게 달궈진 그릴에서 패티를 굽는 과정에서 화상과 같은 위험에 노출돼 있다. 위험은 매장 밖에도 도사리고 있다. '라이더'로 불리는 오토바이 배달은 매년 10.6명에 이르는 청소년의 삶을 앗아간다. 패스트푸드 배달의 경우, 도달률에 따라 매장의 평가점수가 달라지기 때문에 제한된 시간에 목숨을 담보로 한 배달을 강제한다. 죽음을 담보로 한 '배달수당' 몇백 원 때문에 10대 청소년들이 배달 아르바이트 일자리를 찾는다는 것이 서글픈 현실이다.

그런데 지난 2016년 11월 맥도날드에 노동조합이 만들어졌다. 불안정한 아르바이트 노동자를 대변하는 알바노조 분회 형태다. 당시 알바노조는 한국맥도날드 본사 앞에서 기자회견을 열고 "맥잡Mc job을 굿잡Good job으로 만들기 위해 이 자리에 섰다"면서 "맥도날드를 비롯한 패스트푸드 일자리를 안전한 일자리로 만드는 것이 우리의 목표"라고 밝혔다. 피자 배달 30분제, 커피 전문점 주휴수당 미지급 문제, 열정페이 등 우리 사회 주요 청년노동 현실을 개선한 청년유니온과 함께 의미가 작지 않다.

그런데 언제부터인가 '노동조합'이라는 단어 자체가 낯설고 불편하게 인식되고 있다. 하지만 유엔 산하 ILO는 노동조합을 '자본주의 사회에서 노동자의 기본적 인권'으로 규정하고 있다. 우리나라 헌법(제33조)에서도 노동자의 기본적 권리로 노동3권을 명시하고 있다. 그럼에도 노동조합에 부정적 인식을 갖고 있는 이가 적지 않다. 노동조합은 비인간적인 작업조건 개선과 사회변화 주체로서의 역할을 맡고 있다.

어쩌면 차기 정부의 최저임금 결정과 아르바이트 문제 그리고 노동기본권 향상을 위한 노력에서 우리는 촛불의 답을 찾고자 할지도 모른다. 이것은 '상품'이 아닌 '노동의 권리'를 찾기 위해 우리가 어떤 사회를 지향할 것인가에 대한 질문이기도 하다.

_ 2017. 4. 14

코로나19 위기, 절벽에서 겨우 버티고 있을 뿐

코로나19는 우리 사회 전반에 걸쳐 큰 변화를 주고 있다. 경제활동, 공공행정, 보건의료, 학교교육, 사회관계 모두 이전과 전혀 다른 방식을 선택하게 했다. 코로나19의 세계적 확산pandemic은 노동시장에 전례 없는 충격을 미쳤다. ILO는 지난 한 달간 전 세계 노동시간이 6.7% 감소했고, 전 세계에서 33억 명이 영향을 받고 있다고 발표했다. 고용감소 현상은 주로 서비스 부문과 영세사업장 및 저임금 불안정 일자리에서 나타났다. 그런데 무엇보다 가장 위험한 상황에서 묵묵히 일하는 간호사 등 보건의료 분야 노동자의 건강과 안전 문제는 논의조차 안 되고 있다.

국제기구들은 지난 2주 동안 상황을 제2차 세계대전 이후 최악의 세계 위기로 평가하기도 한다. 국경과 지역, 거리가 봉쇄되면서 경제활동이나 생산량이 감소하고 직장 폐쇄까지 나타났다. 급격하고 예측할 수 없는 경제활동 감소로 일자리들이 줄어들었다. 코로나19는 기존의 불평등에 부정적 영향을 더 미칠 것이다. 2020년 하반기 유럽과 미국의 경제회복 속도 및 정책 조치가 노동수요를 얼마나 효과적으로 증대시킬지는 예측할 수 없다. 그러나 2008년 금융위기와 2015년 메르스 사태에서 회복하는 데 5개월 이상 걸렸다. 글로벌 공급망의 혼란과 폐쇄가 지속될 경우 국내 제조·건설, 운수·통신 및 지원 서비스 등 수출산업에도 영향을 미칠 것으로 예상된다.

하반기 전망이 낙관적이지 않은 가운데 코로나19가 노동시장에 준 충격은 균일하지 않고, 비공식 경제나 사회적 취약계층에 더 가혹한 것 같다. 다수가 저임금 비정규직이거나 사회보장 밖 일자리에서 일한다. 이미 4월 실업급여 신청자 수가 대폭 증가했다. 반면에, 신규 취업자 중 고용보험 미가입 일자리는 증가했다. 결국 좋은 일자리는 감소하고, 나쁜 일자리가 증가한 것이다. 지난(2020) 3월 2만2000곳에서 고용유지지원금을 신청했다고 하니, 소상공인과 자영업자만의 문제가 아닌 것 같다.

현재 실업을 넘어 위험에 처한 노동의 해법은 '코로나19 노사정 사회협약'이다. 첫째, 국가는 직간접적 재정 투입을 통해 위기 상황에서 공식 부문 일자리가 비공식 부문으로 돌아가지 않도록 해야 한다. 특히 단기 실업급여와 고용유지지원금 기간 연장과 같은 과감한 정책을 모색해야 한다. 둘째, 정부는 위기를 맞았거나 피해를 입은 업종의 경영지원과 보조금, 부채 구제 등 즉각적인 접근을 통해 충격 규모를 최소화해야 한다. 이때 기업이 사업 유지를 통해 해고가 아닌 고용안정, 고용지원 재배치, 재고용 의무 등의 단서를 달면 된다. 물론 기업의 신규 채용 비용 지원도 같이 검토할 수 있다. 셋째, 노동조합은 해고 방지 및 일자리 보장을 조건으로 단축근무와 단축급여 및 부분실업급여 등을 선제적으로 제안해야 한다. 특히 아르바이트, 프리랜서, 특수고용 노동자들의 소득손실과 빈곤 위험 대책도 같이 논의할 필요가 있다.

'코로나19 사회협약'은 경제위기로 실물경제 위축과 생산·판매 물량 감축 시기에 노동자들의 실업을 막고 사회적 비용을 최소화하는 전략이 될 수 있다. 불확실성이 높을 때는 사회적 대화가 더 필요하다. 경제위기 시기 독일(고용유지 단시간, 파견 노동자 적용)이나 프랑스(부분실업급여, 고용지원계약제)가 선택한 사례를 참고할 수 있다. 4·15 총선 이후 국회의 역할도 중요하다. 이 기회에 고용보험 사각지대에 대한 해소 방안을 논의해야 한다. 소득이 있는 일하는 모든 사람에게 고용보험을 적용하고, 국세청을 통해 소득 파악과 증빙을 확인하면 사회안전망이 촘촘해질 수 있다. 현 시기에 필요한 것은 긴급성과정책의 상상력이다. 정책은 가장 절실하고, 절벽에서 겨우 버티고 있는 그 순간에 도움이 되어야 한다.

_ 2020. 4. 17

앉을 수 없는 사람들

앉을 수 없는 노동자, 화장실에서 밥 먹는 노동자. 최근 언론에 기사화된 의자나 휴게실 관련 보도 내용이다. 언뜻 보아도 그냥 지나칠 수가 없다. 기사 제목은 '이번엔 정말 앉을 수 있을까요?' '화장실에서 밥 먹지 않아도 되나요?'였다. 우리 주위에서 일하는, 쉴 곳 없는 노동자들의 몇몇 단면이 떠오른다. 백화점과 대형 마트, 대학과 아파트 등의 청소 및 경비 노동자들의 노동환경이 여기에 해당한다. 판매사원들은 서서 손님을 맞이해야 한다. 경비 노동자들은 비좁고 열악한 곳에서 쉬고 있다.

때마침 지난(2018. 6) 4일 정부는 사업장 휴게시설 설치와 운영 관련 대책을 발표했다. 유통 판매직 노동자들의 건강을 보호하기 위해 마련한 대책이다. 주요 내용에는 고정관념을 바꾸기 위한 사업주와 고객 대상 홍보, 건강 가이드 보급, 우수 사례 공유 등이 포함되어 있다. 하반기부터는 백화점과 면세점을 중심으로 지도 및 점검 계획도 밝혔다. 그런데 좀 이상하다. 노동부 발표 내용을 보면 10년 전 시민사회단체 캠페인과 무엇이 다른지 모르겠다.

2008년 노동계와 시민사회단체는 판매 및 계산 노동자들의 휴식권 보장 캠페인을 벌인 바 있다. '서서 일하는 노동자들에게 의자를'이라는 캠페인이었다. 당시 대형 유통업체들은 전국 매장에 의자를 비치하겠다고 밝힌 바 있다. 그렇다면 과연 일터는 변했을까? 마트 의자는 계산대POS와 맞지 않아 불편하기 짝이 없다. 작업대와 조율되지 않은 의자는 오히려 불편함만 초래한다. 판매사원들은 매장 관리자 눈치 때문에 의자에 제대로 앉지도 못한다.

물론 정부의 사업장 휴게시설 설치·운영 가이드라인에는 나름 구체성도 담겨 있다. 특히 사업장 휴게시설 참고 설치기준은 인상적이다. 휴게시설 설치 위치·규모, 공기·조명·소음 기준, 비품관리 같은 내용이 포함되어 있다. 문제는 이런 가이드라인이 강제성을 갖지 못하는 권고사항이라는 점이다. 구속력이 담보되지 않는 가이드라인은 의미가 없다.

아직도 건물 청소 노동자 휴게공간을 화장실 바로 옆에 둔 곳이 있다. 일부 병원이나 극장이 위치한 건물에 가보면 대걸레를 빨 수 있는 개수대가 설치된 곳에 휴게실이 있다. 건물 사무실 공간도 부족한 상황이라서 어쩔 수 없다는 답변에서는 노동자들의 인권을 찾아볼 수가 없다. 예전 여성화장실 안에 청소노동자 휴게실을 만들어 언론의 뭇매를 맞은 공공기관이 대표적이다. 주위 아파트 경비 노동자 휴게공간도 다르지 않다. 일부 입주민들이 리모델링을 하거나 냉난방 비품을 비치해주는 곳도 있지만 일부 사례다. 강남 주공아파트 한 곳을 가보니 경비 사무실이 3.3m^2(1평)도 되지 않았다. 20년 넘게 일한 경비 노동자 사무실조차 툭 치면 부서질 것 같은 '판잣집' 형태였다.

언제나 그렇듯 일회성 이벤트는 언론을 화려하게 장식했다. 그사이 10년이 흘렀다. 그간 국회나 국가인권위원회에서 '앉을 권리'와 '쉴 권리'를 논의하는 자리가 없었던 것은 아니다. 그때마다 정부는 소극적인 태도로 일관했고, 기업들은 그 자리에 나오지도 않았다. 정부의 발표 내용은 10년 전 그때와 큰 차이가 없다. 현수막을 걸고, 우수 사례를 발굴하고, 가이드를 보급하겠다고 한다. 어딘가에서 많이 보았던 단골 메뉴들이다.

현행 산업안전보건법과 규칙에는 휴게시설이나 의자 비치 관련 조항이 있다. 하지만 실효성이 없다 보니 노동환경은 개선되지 않고 있다. ILO나 유럽연합 산업안전보건청OSHA에서는 노동자들의 작업 환경이 인간 중심적으로 배치되어야 함을 기본 원칙으로 하고 있다. 특히 청소 및 경비 노동자들의 휴게시설은 작업공간과 동일하게 인식되고 있다.

누군가에게는 의자가 '권력chairman'이지만, 또 다른 누군가에게는 잠시나마 여유를 갖는 안식처다. 권력이 아닌 휴식이 필요한 사람들에게 의자와 휴게실은 최소한의 노동조건이다. 쉴 곳 없는 일터의 불평등을 해소하려면 배려가 아닌 제도 개선부터 시작해야 한다.

정부와 기업의 의사결정권자들에게 묻고 싶다. 당신은 지금 의자에 앉아 있습니까, 아니면 '서' 있습니까?

_ 2018. 6. 8

숨겨진 노동,
간접고용의 그늘

보통 직장인들이 하루 동안 만나는 간접고용 비정규직은 얼마나 될까? 국가인권위원회는 우리나라 파견용역 비정규직이 346만 명 정도 된다고 발표했다. 노동자 5명 중 1명은 간접고용 노동자인 셈이다. 어쩌면 이 수치도 최소 규모로 봐야 할지 모른다. 통계에 포착되지 않는 간접고용이 더 많을 수 있다. 아침 출근길 아파트에서 만나는 경비원은 파견 노동자다. 회사 건물 청소원도 용역 노동자다. 자주 가는 서점의 물류센터 직원도 하청 노동자다. 사무직도 상황이 다르지 않다. 병원에서 얼굴을 마주하는 수납창구 직원도 파견업체 소속이다. 그야말로 사회 전체가 거대한 비정규직의 바다와 같다.

간접고용 비정규직의 실태는 충격적이다. 원청 근속기간 90.3개월, 고용업체 변경 횟수 2.4회, 정규직 대비 비정규직의 월평균 급여 차 90만 원, 산재사고 사망률 7배. 간접고용 노동자의 고용불안과 차별 그리고 위험을 확인할 수 있다. 차별은 어떨까? 동일노동 동일임금 원칙은 법에나 존재한다. 유사 업무를 수행하는 정규직의 임금을 간접고용 노동자가 확인할 방법이 있을까? 비정규직이 차별을 입증하기는 녹록지 않다. 심지어 E 대형 마트는 자사 156개 매장 중 3개를 분리 독립 법인으로 설립해 법망을 피해가기까지 한다. 이를 반영하듯 지난 10년 동안 비정규직 차별 관련 접수는 평균 100건 정도에 불과했다. 그나마 그중 5분의 1만이 시정되었다. 이는 제도의 실효성이 낮음을 확인시켜준다.

일터에서 비가시적인 차별은 헤아릴 수 없을 정도다. 부산의 A 공장에서는 회사 셔틀버스 이용 시 협력업체 직원들은 뒷좌석에만 앉도록 공지했다. 경기도 B 공장의 협력업체 직원들은 구내식당과 샤워실을 정규직이 이용한 다음에야 이용할 수 있다. 심지어 서울의 C 통신회사에서는 협력업체 직원들이 빌딩 내 카페조차 이용하지 못한다. 출입증 자체가 해당 층을 제한하고 있기 때문이다.

도대체 정상적인 곳이 하나도 없다. 간접고용 노동자로 일하는 순간 차별과 배제가 시작된다. 스웨덴이나 프랑스는 차별이 아닌 균등대우 원칙을 기본권으로 한다. 영국(임금 격차 보고서), 독일(임금공개법), 아이슬란드(동일임금인증제) 모두 평등권에 기반을 둔 정책들이 시행되고 있다. 물론 대한민국 헌법 제11조 1항에는 "모든 국민은 법 앞에서 평등하고, 사회적 신분에 의하여 모든 영역에 있어서 차별받지 아니한다"고 명시되어 있다. 그러나 우리 사회에서 간접고용 비정규직은 헌법적 권리조차 침해받고 있다.

사회적 논쟁은 항상 반복된다. 국가가 새로운 정책을 결정할 때는 더욱 그렇다. 지난 20년 사이 간접고용 비정규직은 두 배 이상 증가했다. 거래비용 감소와 유연한 고용을 선호하는 자본의 특성상 간접고용은 갈수록 증가할 것이다. 게다가 산업구조와 기술변화 과정에서 새로운 직업은 이전과 다른 비표준적인 고용계약을 맺고 있다. 간접고용 비정규직 문제의 해법을 둘러싼 사회적 논쟁은 앞으로 계속될 것 같다. 따라서 노동시장에서 차별을 어떻게 줄여나갈 것인지 대안을 모색해야 한다.

무엇보다 "누가 간접고용 비정규직이고, 몇 명이며, 어떤 차별을 받고 있는지" 확인해야 한다. 이를 위해서는 현행 300인 이상 대기업의 '고용 형태 공시제'를 30인 이상 기업으로 확대해야 한다. 재벌 대기업의 무분별한 간접고용과 남용을 규제해야 한다. 특히 재벌 대기업이 문제다. 우리나라 10대 재벌 기업은 간접고용(29.3%)이 직접고용 비정규직(7.9%)보다 4배나 많다. 재벌 계열 거대기업일수록 사내 하청을 더 많이 사용하고 있다. 한편 '동일가치노동 동일임금'을 실현하기 위해서라도 '임금공시제'와 '동등-급여 프로그램 의무화' 도입이 꼭 필요하다.

누구에게나 일은 필요하다. 일자리를 갖는 것은 그 자체가 권리다. 그래서 일하는 사람은 법으로 보호받아야 하고, 일할 수 있는 권리와 일할 때의 권리가 모두 보장되어야 한다. 그러나 2019년 대한민국에서 간접고용 노동자의 권리는 보장받고 있을까? 기업들이 이야기하는 고용 유연성은 과연 얼마나 많은 일자리를 창출할까? 오히려 노동자의 권리를 침해하는 것은 아닌가? '기업 하기 좋은 나라'를 강조할 때 불법 파견이나 위장도급을 막을 수 있는가? 이런 물음에 그들은 답을 하지 않고 있다.

_ 2019. 1. 17

아직도 건물 청소 노동자
휴게공간을 화장실 바로 옆에 둔
곳이 있다. (…) 건물 사무실 공간도
부족한 상황이라서 어쩔 수 없다는
답변에서는 노동자들의 인권을
찾아볼 수 없었다.

‘위험의 외주화’ 막을 ‘조각난 일터의 해법’ 찾기

새해에 또 20대 청년들이 일하다 목숨을 잃었다. 철강공장에서 자동문 설치 작업을 하다가, 화학물질 제조업체에서 저장탱크 점검을 하다가 발생한 사고였다. 조사결과를 지켜봐야겠지만 안전수칙을 지키지 않았거나, 관리 부실이 주요 원인으로 추정된다. 지난해(2018) 태안화력발전소에서 일하다 숨진 고故 김용균 씨도 비슷한 사례였다. 지난 연말부터 한 달 새 세 명의 청년노동자가 안전사고로 숨졌다.

최근 몇 년간 산재사고로 목숨을 잃은 노동자가 연간 1000여 명이나 된다. 하루 평균 세 명이 산재로 숨진 셈이다. ‘산재 공화국’이라는 말은 그냥 나온 것이 아니다. 작업장의 열악한 안전시설과 안전관리 부주의가 원인 중 하나다. 문제는 정부 통계에도 잡히지 않는 산재사고가 더 많다는 점이다. 그 사고 중 다수는 하청업체 노동자들이다.

고용노동부 자료를 보면, 지난 6년간 하청 노동자의 산재 사망사고가 85%에 이른다. 부상자 또한 하청 노동자(98%)에 집중되었다. 이처럼 산업 현장에서는 하청 노동자들이 위험에 내몰리고 있지만 아무도 책임지지 않았다. 하청 노동자라는 이유로 제대로 된 안전교육과 장비도 없이 홀로 작업을 했다. 원청의 책임은 미약했다. 산재 사망사고로 사용자가 형사처벌을 받았다는 이야기는 들어보지 못했다.

작년 연말 정부가 소위 '김용균법'으로 불리는 산업안전보건법(산안법)을 개정했다. 1996년 산안법 개정 이후 28년 만에 원청의 처벌 수위와 안전 의무조치가 강화되고, 유해 및 위험 업무의 도급이 원천적으로 금지된다. 2016년 지하철 구의역 김군 사건 때도 못 했던 원청의 책임 처벌이 강화된 것이다. 그렇다면 위험의 외주화는 과연 막을 수 있을까? 아마도 하청 노동자의 산재사고는 멈추지 않을 것이다. 개정 법률은 여전히 보호 대상을 '일부 직종'으로 제한했다. 국회 여야 합의 과정에서 발전정비, 항공, 철도 등의 업무는 포함되지 않았다.

또한 국회 논의 과정에서 경영계의 반발을 고려해 '작업중지 명령 요건'을 "산업재해가 다시 발생할 급박한 위험이 있다고 판단되는" 경우로 한정했다. 현재는 화력발전이나 지하철에서 중대재해가 발생하면 노동부가 전면 작업중지명령을 내릴 수 있다. 하지만 개정된 법률에서는 사실상 사업장 전면 작업중지가 불가능할 수도 있다. 산업 현장에서 제2의 김용균은 여전히 위험의 외주화에 놓여 있다.

그렇기에 이제는 우리 사회가 노동안전과 기준에 대한 실효성 있는 대책을 논의해야 한다. 앞으로 산업안전은 더 많은 분야, 더 많은 하위 기업들까지로 책임과 범위를 넓혀야 한다. 일만 시키고 책임은 지지 않는 원청의 행태를 더는 그냥 두면 안 된다. 영국이나 캐나다의 '기업살인법'처럼 고용주의 책임을 더 강화해야 한다. 또한 산재사고 책임 범위를 둘러싼 장소를 원청 사업장 바깥까지 확대해야 사각지대를 해소할 수 있다.

아울러 이제는 산업 현장과 가장 가까이 있는 지방정부의 역할도 중요하다. 그간 노동안전 문제는 중앙정부의 역할에 한정된 것으로 인식해왔다. 그러나 서울시는 이미 구의역 사고 이후 '위험의 외주화'를 사고의 구조적인 원인으로 설정하고 안전업무 직영화, 비정규직 정규직화 그리고 안전대책(2인 1조, 인력 충원)을 선제적으로 진행한 바 있다. 모두 지난 연말과 올해 초에 일어난 가슴 아픈 사고의 대안으로 제시되었던 것들이다. 서울시의 노력으로 지하철 승강장 안전문 고장은 절반 이하로 감소했고, 사망사고도 발생하지 않고 있다. 서울시는 올해 지방정부 최초로 산업안전 및 노동환경 전담 조직까지 신설해 노동안전 문제를 지방정부의 중요한 역할로 자리매김시켰다.

대한민국 헌법에는 국민의 한 사람으로서 당연히 누려야 할 기본적 인권으로 노동하는 사람의 안전 문제를 규정하고 있다. 2016년 7월 28일 구의역진상규명위원회의 '노동안전선언문'에서도 지방정부의 노동안전 방향을 제시한 바 있다. 안전은 누구나 누려야 할 권리이고, 누구에게나 평등해야 한다.

_ 2019. 1. 24

민간위탁 공공서비스의 효율이 높다고?

새벽에 집을 나설 때 가끔 아파트 앞에서 생활폐기물 수거 차량과 마주친다. 시민들이 불편하지 않도록 도로 한쪽에 차량을 정차하고 음식물이나 폐기물을 수거한다. 청소 노동자들을 대하는 인식 차이일까? 일본이나 유럽에선 생활폐기물 수집 운반이 낮에 진행되는데, 우리는 새벽에 한다. 그러다 보니 업무상 재해나 사망사건도 많다. 1년에 꼭 한 번 정도 청소 노동자의 사망사고를 접한다. 전국적으로 생활폐기물 운반 수거의 87.7%가 민간 위탁으로 운영되다 보니, '위험의 외주화'는 공공부문에서도 예외가 아닌 듯하다.

민간위탁 노동자 고용의 질은 우리가 꼭 짚어야 할 문제다. 저임금에 불안정한 비정규직 일자리가 대부분이다 보니 양질의 시민 서비스를 기대하기란 무리다. 특히 민간위탁 시설의 법률 위반 현상은 심각하다. 연장 및 휴일근무수당, 연차휴가 등 기본적인 노동조건조차 지켜지지 않는 현실이 반복되고 있다. 헌법에서 보장하는 노동자의 권리가 민간위탁이라는 이유로 숨겨지거나 은폐되어 사각지대에 놓인 것이다. 수탁업체 대표나 관리자들의 노동 감수성은 찾아보기 힘들다.

일부 보수주의자들은 시장의 힘이 도시를 위해 뭔가 커다란 것을 해주리라는 강력한 믿음을 갖고 있다. 이런 믿음을 유지하면서 그간 정부는 다양한 기본 서비스를 꾸준히 외주화했다. 사실 민간위탁은 대시민 서비스의 일부를 외부 전문기관에 위임·대행이라는 '합리화' 과정으로 진행해왔다. 이 과정에서 민간위탁의 회계 부정, 용역비 과다 청구, 임금 가로채기, 선정 비리, 관리 감독 부실 등이 언론을 통해 밝혀진 바 있다. 위법적이고 탈법적인 현상들을 지자체는 제대로 점검조차 하지 않고 있다. 공적자원을 시장의 힘에 넘겨버린 민간위탁의 비민주적 속성을 보여준다.

지난해(2018) 기준 공공부문 민간위탁은 1만 개가 넘고, 노동자는 약 19만6000명이나 된다. 정부 재정의 1.86%에 해당하는

7조9600억 원 규모다. 민간위탁의 다수는 사회서비스 시설이다. 어린이집부터 사회복지, 장애인, 아동, 청소년, 정신건강 등 47.2%가량을 차지한다. 도서관, 상수도 검침, 콜센터, 지하철 역사 등 매우 다양한 대국민 공공서비스도 민간에 맡겨진 상태다. 최근에는 중앙정부가 국고보조 사업으로 지원하는 지자체 '센터'들도 민간위탁으로 운영되고 있다. 지난 30여 년간 정부는 도시의 공공서비스를 민간위탁으로 운영해왔다. 지자체 평균 100개 정도 업무가 공공이 아닌 민간에 맡겨진 상태다.

공공부문에서 민간위탁의 '신화'는 IMF 경제위기 이후 비용절감과 조직효율성을 이유로 더 확대되었다. 그러나 지난 몇 년 사이 서울, 광주 등지에서 일부 민간위탁을 직영 혹은 재구조화했다. 때마침 정부도 '공공부문 비정규직의 정규직 전환 3단계 민간위탁' 내용을 발표했다. 문제는 민간위탁이 공공서비스 전달체계 변경과 관련되어 있다며 기관의 자율에 맡기겠다고 한 점이다. 기관의 자율에 맡기는 것은 사실상 정규직화를 하지 않겠다는 것이나 다름없다. 특히 지자체의 일부 업무는 노무 도급 성격의 용역근로 형태다. 공공부문 정규직 전환 1단계와 2단계에 해당하는 간접고용 업무들이다.

우리는 노르웨이 제3의 도시 트론헤임의 '지자체 실험 모델'

에 관심을 가질 필요가 있다. 이 도시는 지자체 공공서비스의 질을 개선하기 위해 민간위탁을 물리치고 직영으로 운영한 공공행정조직의 민주적 변화를 이끌었다. 특히 공공서비스를 직영으로 운영하면서 직원들의 병가 신청자가 11%에서 2%로 줄었고, 일자리 만족도가 높아진 것은 도시의 좋은 일자리 모델의 의미 있는 성과다. 독일 베를린의 생활폐기물 시영회사는 청소 노동자들의 정신적 상처를 치유하기 위한 심리치료 프로그램(박스 스톱)도 제공하고 있다.

공공서비스를 시장에 맡겨야 더 효율적이라는 인식이 바뀌어야 한다. 늦었지만 이제라도 민간위탁 서비스들을 공적 통제 아래로 되돌리려는 선택이 필요하다. 초점은 '돈이 아니라 서비스의 질 향상'이다. 시민의 삶에서 핵심이 되는 국가의 일부를 되찾는 정책의 전환이 필요한 시점이다.

_ 2019. 4. 12

더 나은 규범의 시작, ‘전 국민 고용보험’으로

코로나19 팬데믹 이후 고용 충격이 피부로 느껴질 정도다. 주위에 문 닫은 식당이 보이고, 가게 직원들이 보이지 않는 곳도 눈에 띈다. 잠시 쉬거나 휴직한 것 같다. 그런데 2020년 4월 취업자는 3월보다 더 나빠졌다. 47만6000명이나 감소한 것이다. 일시·휴직자(148만 명)와 일자리 찾기를 단념한 사람(240만 명)은 통계 작성 이후 가장 많은 수치다. 취약계층에 덮친 ‘코로나19 고용 쇼크’로 불릴 만하다. 통계상 실업자가 줄고, ‘그냥 쉬었다’는 비경제활동인구가 급증한 것은 더 심각한 신호다.

노동시장의 가장 큰 타격은 사회적 취약층에 집중되었다. 코로나19 팬데믹의 직접적 피해는 해고가 비교적 쉬운 서비스업에서 더욱 두드러진다. 코로나19는 여성, 청년, 임시일용직에게 직격탄이었다. 일터에서 밀려난 사람들은 경제적 약자이기도 하다. 그렇다 보니 직원이 있는 자영업자는 줄고, 혼자 겨우 버티는 자영업자, 이른바 '나 홀로 사장님'이 1년 전보다 10만7000명 증가했다. 취업자 수가 이렇게 줄어든 것은 외환위기 이후 처음이다. 문제는 앞으로 고용 상황이 더 나빠질 위험이 크다는 점이다.

우리는 과거와 현재를 접하면서 미래를 예측할 수 있다. 코로나19는 한 번의 파도로 끝나지 않을 수 있다. 이 때문에 중앙정부와 지방정부는 어떠한 대가가 따르더라도 할 수 있는 모든 조치를 취해야 한다. 지금은 좀 더 지켜볼 상황이 아니라 바로 위기 상황이다. 현재는 국민을 보호하고, 향후 경제회복을 도와야 할 시점이다. 그와 동시에 사회안전망 사각지대 문제를 해결하는 제도적 개혁을 준비해야 한다.

그중 하나가 일자리에서 밀려난 취약층의 고용보험 개편이다. 현재 고용보험 가입자는 취업자 10명 중 4명(48.4%)에 불과하다. 1995년 제정된 고용보험은 '실업·구직급여, 상병수당' '직업능력개발사업' '육아휴직·출산전후 급여'를 보장한다. 고용보험은 직업훈련, 고용촉진, 실업 등 노동시장의 위험을 예방할 목적으로 설계되었다. 특히 실업급여는 실직자의 생활안정 및 재취업 준비에 큰 도움이 된다. 개인이 부담해야 할 몫을, 정부와 사회가 함께 부담하는 취지가 담긴 것이다.

현재 고용보험은 '정규직'을 주요 대상으로 설계되어 미취업 청년, 자발적 퇴사자, 아르바이트 노동자, 예술인, 특수고용·플랫폼 노동자, 프리랜서, 자영업자 등은 배제되는 문제점을 안고 있다. 반면 OECD 회원국 다수는 '사회적 위험'에 대응하기 위해 사회보장제도를 헌법적 권리로 규정하고 거의 대부분 적용받도록 보완해왔다. 사실 미국의 뉴딜정책은 공공근로와 제도개혁을 함께 진행했다. 대공황 시기 뉴딜정책은 미국 경제의 황금기를 만든 배경이며, 사회보장제도를 구축하고 노동기본권 보장의 토대가 되었다. 우리도 코로나19 시기에 고용 유지와 일자리 창출뿐 아니라, 고용보험제도 개혁까지 동시에 진행해야 한다.

최근 토마 피케티나 마이클 샌델도 '더 공정한 세상을 만들 기회' 또는 '정당하게 보상하는 안전한 세상' 등으로 코로나19 사태가 우리에게 미친 사회적 불평등 문제를 제기하고 있다. 주요 리더들도 "전 국민 고용보험 기초를 놓겠다"거나 "전 국민 고용보험은 복지국가의 핵심이므로, 21대 국회 1호 법안이 돼야 한다"는 화두를 던졌다. 고용보험 미가입자(13.8%)만이 아니라, 적용 제외 대상(31.4%)까지 포괄하는 고용보험의 필요성이 힘을 받고 있다.

일하는 모든 사람에게 적용되는 고용보험의 모델은 덴마크와 프랑스다. 이들 국가는 조세에 기반을 둔 사회적 보호 차원에서 논의가 시작되었다. 포스트 코로나 시대는 새로운 규범과 표준New normal이 아니라, 더 나은 규범과 표준Better normal이어야 한다.

_ 2020. 5. 15

더는 미룰 수 없는 '누구나 백신휴가'

백신 접종 기사가 하루에도 수차례 검색 상위에 오르내린다. 2021년 6월 전체 인구 대비 20.6%가 접종했으니, 잔여 백신과 예약 접종 효과로 보인다. 초기에 비해 코로나19에서 벗어나기 위한 기대치가 국민들에게 더 작동한 것 같다. 전체 접종 대비 이상반응 신고율은 0.35%에 불과하지만, 중대한 이상반응에 대한 우려를 종식시키지는 못하고 있다. 통증이나 고열로 하루 이틀 고생한 사람이 적지 않기에 '백신휴가' 정책 도입이 분기점이 될 수도 있다.

이미 정부가 백신 접종 휴가 사용을 두 차례 권고(3월 28일, 5월 20일)한 바 있다. 그러나 예방 접종에 대한 불안 반응이 모두 해소된 것은 아니다. 정부는 "우리 사회가 코로나19로부터 신속히 벗어나 하루빨리 국민의 경제생활은 물론 개별 기업의 경영 정상화를 위해 적극적인 동참을 요청"했으나, 구속력 없는 권고는 확장성에 한계가 있다. 주위를 둘러보아도 백신휴가 도입은 대기업이나 공공기관에 불과하다. 일부 기업에서는 백신휴가 차별 논란까지 제기되고 있다.

차별적인 백신휴가는 기업 내 지배구조나 고용 형태가 투영된 결과다. 실제로 A 기업은 손자 회사 직원에게, B 기업은 구내식당 운영 담당 직원들에게 각각 하루의 백신휴가만을 부여했다. 현실적 구속력이 없는 정부의 권고나 지침의 허점이 일터에서 확인되고 있다. 그나마 공공기관이나 대기업은 연차휴가 외에 유급병가제도가 있다. 이 때문에 백신 접종 후 2~3일 회복 기간에 휴가를 사용할 수 있다. 그러나 비정규직과 협력업체 직원들에게는 남의 이야기에 불과하다.

한국은 OECD 회원국 중 유급병가나 상병수당이 법제화되지 않은 국가 중 하나다. 실제로 유급휴가(62.9%)와 유급병가(46.4%) 적용자는 절반 남짓이다. 5인 미만 사업장이나 비정규직 노동자는 10명 중 1명 정도만이 유급병가를 적용받고 있다. 문제는 제도 밖의 노동자들이다. 특수고용 노동자, 플랫폼 노동자,

프리랜서는 백신휴가를 사용하고 싶어도 생계와 비용 문제가 걸림돌이 되기 때문이다. 이런 이유로 국회 보건복지위원회는 백신 접종 뒤 유급휴가를 주고, 정부나 지자체가 필요에 따라 사업주에게 비용을 지원하는 법안을 통과시켰다. 유급휴가 사각지대 개선의 진전된 대책으로 보인다. 택배기사나 방송작가와 같은 취약 노동자들에게도 예산으로 유급휴가 지원이 가능한 법적 근거를 마련한 것이다. 일단 상임위원회 문턱은 넘었으나 국회 본회의 통과를 남겨두고 있다.

몇몇 국가는 유급병가 확대를 강화해 시민들을 보호하고 있다. 자격요건 완화(핀란드·프랑스·호주)부터, 대기기간 일시 폐지(스웨덴·영국·프랑스)나 소득 대체율 100% 보장(독일·오스트리아)까지 형태도 다양하다. 미국, 캐나다, 독일, 프랑스에서는 '백신휴가'를 지방정부에서 시행하는 곳이 있다. 우리도 서울, 경기, 성남 등 일부 지방정부에서 유급병가제도가 시행되고 있다. 그렇기에 국가가 백신휴가제도 시행을 미루거나 주저할 이유가 없다. 오히려 백신 접종 세제 혜택이나 접종 이후 여타 증상으로 인한 병가손실 지원을 검토해야 맞다.

사회공동체가 더 나은 삶을 추구하는 사회적 지향점은 무엇일까? 코로나19 시기 화두였던 "아프면 쉬어야 한다!"는 표현이 그 해답을 주었다. 하지만 국회 입법화 논의에 1년이 필요하다. 철학이 빈곤한 나라일수록 경제적 논리가 사회적 논리를 압도하기 마련이다. 국민의 생명과 건강만큼은 비용이 우선시되어서는 안 된다. 사실 대한민국 헌법 제10조, 32조, 34조에는 이미 사회구성원 모두가 적용받아야 할 권리, 즉 인간의 존엄과 가치 그리고 행복이 적시되어 있다. 재난안전기본법 개정 이후 감염병도 사회적 재난에 포함되었고, 국가는 그 위험으로부터 국민을 보호할 의무가 있다.

_ 2021. 6. 18

노동자는 언제까지 참아야 하나

4

감정노동자의 삶을 앗아간 재벌

어제는 내가 고객의 질책을 받고 뺨까지 맞았는데, 오늘은 바로 앞 매장 직원이 고객 앞에서 무릎을 꿇고 사과한다. 내가 무엇을 잘못했는지도 모르면서 "죄송합니다, 고객님"을 되풀이한다. 고객의 화가 풀릴 때까지 주위에서 도움을 줄 처지도 아니다. 자칫 잘못했다가는 더 큰 일이 벌어질 테니까. 나 하나로 끝나지 않고 점장 나오라고 하면, 시말서를 써야 할 상황이다. 사태가 심각해지거나 찍히면 다음 매장 개편 때 매장이 빠지는 일까지 각오해야 한다. 바로 감정노동자들이 겪는 일터의 현실이다.

재벌이 운영하는 유통기업일수록 인권침해가 더 심각하다.

대표적으로 롯데마트와 이마트는 '서비스라인'과 '스마일 존'을 설치해놓고 노동자들에게 로봇처럼 인사를 시킨다. 동화면세점은 "직원의 불친절한 행동에 대한 마음의 상처를 보상해드리지는 못하니 5만 원 상품권을 지급하겠다"는 고객 서비스를 운영하고 있다. 게다가 매출 달성 압박부터 반복되는 미스터리 쇼퍼(암행 감찰)까지, 수많은 요구에 감정노동자들은 견딜 수 없을 정도로 심각한 스트레스를 받고 있다. 2015년 국가인권위원회 실태조사 결과 유통업 노동자가 고객으로부터 폭언·폭행이나 성희롱을 경험한 비율은 10명 가운데 4명이나 되는데도 해소 프로그램을 적용받은 노동자는 거의 없다. 이런 현실을 참고 일하다 보니 고도 우울증(26.4%) 비율이 일반 시민에 비해 두 배 정도 높은 상황이다.

그런데도 유통기업은 1년에 4차례 이상 친절 교육을 시킨다. 이뿐만 아니라 고객들이 집중적으로 몰리는 '집중 영업시간'에는 휴게실조차 사용하지 못하도록 한다. 제품을 팔아야 할 시간이니 쉬지 말고 일하라는 것이다. 그나마 한두 개 마련해놓은 휴게실은 비좁고 불편해 제대로 쉴 수도 없다. 그래서 서비스 노동자들은 계단이나 창고에 상자를 깔아놓고 잠시 쪼그려앉아 눈을 붙인다. 최근 새로 면세점 특허권을 획득한 신라면세점의 경우 영업을 시작한 지 한달가량 되었으나 직원 휴게실조차 없다.

과연 우리는 누구 편인가. 주 1회였던 대형 유통업체 정기 휴점은 IMF 사태 이후 월 1~2회로 축소되었고, 그것도 일요일이 아닌 주중으로 옮겨지고 있다. 설과 추석에도 '정상영업'이라는 팻말을 내거니 1년 365일 영업이라 해도 지나치지 않다. 심지어 '두타'는 "야근하는 당신을 위해 새벽까지 연장 영업한다"는 광고 문구까지 내걸기도 했다. 2015년 대법원은 '근로자의 건강권 보호 필요성'이 크다며 대형 마트 영업시간 제한 규제가 타당하다고 결론 내린 바 있다. 하지만 경제 활성화나 일자리 축소, 소비자 권리를 내세우며 헌법소원까지 고려했던 재벌 유통기업의 이윤추구 논리 앞에서는 인간의 존엄성이 그리 중요하지 않은 듯하다.

유럽 몇몇 나라에서는 법률이나 조례로 일요일 영업을 못 하게 하고 있다. 서비스 노동자들도 휴일에는 가족과 함께 보내고 쉴 권리가 있다는 취지가 반영된 결과다. 경기도 광명에 있는 스웨덴 기업 '이케아' 매장에 가보니 휴게공간이 국내 유통 매장보다 10배는 넓고 인간 중심적이었다. 우리나라 대형 유통업 휴게실 수용률은 100명당 1명도 안 된다. 건물을 지어놓고 보니 직원 휴게공간이 필요해 대충 지하 한 귀퉁이에 창고처럼 휴게실을 만든 기업, 전 세계 어느 곳 어떤 매장을 가도 크기와 디자인 등 휴게실을 동일하게 설계한 기업을 어떻게 봐야 할까? 노동자들의 삶과 쉴 권리조차 빼앗은 재벌 유통기업의 항변을 듣고 싶다.

_ 2016. 1. 20

감정노동 논의 10년 만에 거둔 첫 결실

지난(2018) 3월 국회에서 감정노동 관련 법안이 통과했다. 감정노동에 대한 논의를 시작한 지 10년 만에 거둔 결실이다. 법안 내용은 만족스럽지 못하지만 그나마 촛불혁명 덕분에 얻은 결과다. 문재인 정부에서도 노동계와 시민사회의 요구로 감정노동을 국정과제에 포함시켰다. 때마침 작년(2017) 5월 1일 국가인권위원회는 국회와 노동부에 감정노동 개념을 공식화하고 감정노동자 보호조치 마련을 권고한 바 있다. 감정노동 문제의 심각성을 인정한 것이다. 2007년 감정노동 문제 해결을 위한 위한 국가인권위원회 첫 간담회 자리가 기억에 선하다. 당시 "이 세상에 스트레스 안 받고 일하는 사람이 어디

있나요?"라던 한 관계부처 공무원의 발언은 아직도 잊히지 않는다. 주무 부처 공무원이 그렇게 생각하고 있으니 정책이 한 발짝도 나갈 수 없었던 것이다. 취업자 가운데 약 740만 명이 감정노동자로 분류된다. 그들에게 제조업 중심의 산업안전보건법은 실효성이 없었다.

감정노동이란 용어는 1983년 앨리 러셀 혹실드의《감정노동The Managed Heart》이라는 책에서 제기된 이후 보편적으로 사용되고 있다. 이 책에서 '감정노동emotional labor'은 "소비자들이 우호적이고 보살핌을 받고 있다는 느낌을 만들어낼 수 있도록 외모와 표정을 유지하고, 자신의 실제 감정을 억압하거나 실제 감정과 다른 감정을 표현하는 등 감정을 관리하는 노동"을 일컫는다. 개별 기업과 조직에서는 고객에게 표출하는 감정적 서비스의 양과 질이 '매출'과 밀접한 연관성이 있다는 것을 너무 잘 알고 있다. '매출이 인격'이라는 조직문화나 "사랑합니다, 고객님"이라는 표현이 대표적이다. 심지어 일부 기업은 고객에게 눈맞춤은 기본이고 무릎을 꿇고 서비스를 제공하게끔 한다. 그 순간 고객과 노동자는 동등한 인간일 수 없다. 아무리 서비스라는 단어의 어원이 라틴어 '노예servus'에서 출발했다 하더라도 강요된 서비스는 비인간적이다. 우리나라에서 서비스 노동자의 길을 선택하는 순간 인권은 존재하지 않는다.

감정노동 문제는 감정노동 그 자체보다 감정부조화가 핵심이다. 감정부조화는 실제 감정과 겉으로 표출하는 감정 사이 격차를 의미하는데, 외적 현상으로 우울증이나 대인기피증과 같은 건강장애가 발생한다. 이 때문에 감정노동자 보호를 위한 예방과 사후관리 필요성이 제기된 지 오래다. 다행히 몇 년 사이 국내 65개 지자체에서 감정노동자 보호 조례가 제정되었다. 과거와 달리 노동을 보는 관점이 바뀌고 있음을 짐작할 수 있다. 특히 서울시는 감정노동 조례와 정책 이후 감정노동 가이드라인과 지침을 만들었다.

감정노동 교육 의무화나 시민홍보 등 영역별 보호조치도 구체화했다. 대표적으로 폭언이나 성희롱 같은 위험이 발생할 경우 일터에서 벗어날 권리와 같은 업무중지권을 명시한 것은 의미가 있다. 또 심리적 휴식이 필요할 때 적정휴식을 제공하도록 규정했다. 상품화된 노동이 아니라 인간 중심적 노동으로 변화해야 한다는 공감의 정책이다. 무엇보다 조직 내에서 부당한 대우를 받았을 때 감정노동자들이 보호받을 수 있는 '노동조사관' 신설은 의미가 있다. 사실관계를 따지지 않고 무조건 사과 등을 지시함으로써 노동자에게 인격적 모멸감을 주어서는 안 된다는 철학이 담겨 있다.

ILO나 EU는 노동자와 고객 간 업무수행 과정에서 발생하는 신체적, 정신적 폭력을 중대한 업무상 재해로 구분한다. 독일은 노사정 세 주체가 '노동 세계에서의 심리적 건강을 위한 공동선언'을 한 바 있다. 노동자들의 안전과 건강을 위해 상시적으로 상담 창구를 열어놓고, 해마다 전국적인 토론회를 개최하며 감시자 역할과 정책 제안도 한다. 인간의 감정까지 상품화하는 천박한 자본주의의 유물이자 반사회적 노동 형태인 과도한 감정노동을 없애야 한다는 취지다. 앞으로 감정노동자들의 일이 '욕먹고 낭비적인 일'이 아니라, '보람 있고 가치 있는 일'로 바뀔 필요가 있다. 이제 우리도 노사정이 함께 지혜를 모아 해결의 실마리를 풀기 위한 사회적 대화와 전략을 마련할 시점이다.

_ 2018. 5. 11

직장 내 괴롭힘 방지, 더는 늦출 수 없다

설 연휴 첫날 20대 간호사가 죽음을 선택했다. 대한민국 최고의 병원 중 한 곳에 취직하고도 극단적인 선택을 한 이유가 궁금하다. 조사가 진행 중인 가운데 병원 측은 인정하지 않고 있지만, 남자친구 등 주위 사람들은 직장 내 괴롭힘 중 하나인 '태움'이 자살의 한 이유라고 주장한다. '태움'은 주로 병원에서 선배들이 신규 간호사를 가르치거나 길들이는 방식 중 하나로, '영혼이 재가 되도록 태운다'는 뜻으로 사용되는 용어다. 군대 군기보다 더한 게 태움이라고 한다. 그래서 간호사 중에는 병원 재직 때뿐 아니라, 퇴사 후에도 그때의 트라우마로 힘들어하는 이가 꽤 있다.

도대체 태움이 어느 정도이기에 사람이 생명까지 버릴까? 병원에 출근하는 것이 두려울 정도라고 한다. 주로 교육과 업무 인수인계 과정에서 인격모독이 심하다. 병실 근무 배치와 같은 인사상 불이익도 있다. 1년 차 간호사들은 이때 가장 극심한 스트레스를 겪는다고 한다. 직장 내 인권은 부재하고, 조직문화는 비상식적임을 짐작하게 한다. 물론 간호사의 '일'은 환자의 생명을 다루기에 교육 과정이나 업무가 매우 엄격할 수 있다. 독일이나 프랑스 병원의 간호사도 생명을 다룬다. 그렇지만 그곳에서 태움이 존재한다는 말은 듣지 못했다.

병원이나 보건복지부는 태움을 일부 사례라고 한다. 그런데 태움과 같은 '직장 내 괴롭힘'은 공공연한 비밀이다. 그럼에도 그들은 태움이 아니라는 답변을 내놓는다. 매번 이런 태도가 더 큰 문제다. 이미 2년 전 한 방송사에서 '간호사의 고백'이 방영된 이후 태움은 일부 개인이나 일회성이 아닌 반복적이고 주기적이라는 사실이 확인된 바 있다. 일부 병원에서는 조직적으로 나타나기도 했다. 그로 인해 간호사의 이직률은 16%나 된다. 대형 병원 간호사는 평균 4.5년 정도면 직장을 떠난다.

간호사들이 병원을 떠나는 이유는 무엇일까? 야간근무와 같은 3교대 근무나 인력 부족 때문이다. 병원에 입사해 처음 나이트 근무를 할 때는 멍하니 창밖을 보거나 눈물만 난다고 한다. 그만큼 힘든 직업이다. 게다가 전문성에 비해 턱없이 낮은 임금 수준도 문제다. 간호사의 이직에는 직장 내 괴롭힘과 같은 태움도 한몫한다. 2015년 국가인권위원회와 보건의료노조 두 기관의 실태조사 결과 간호사 18%가 상급자로부터 폭언·폭행을 경험한 것으로 나타났다. 이 정도면 신체의 안전을 위협할 만큼 위험한 수준이다. 간호사의 노동 과정에서 은폐된 인권침해를 확인할 수 있다.

지난(2018) 2월 13일 국가인권위원회는 직장 내 괴롭힘 실태조사 결과를 발표했다. 최근 1년간 직장 내 괴롭힘 피해 경험이 73.3%나 되었고, 피해 경험 행위는 평균 10개나 되었다. 그럼에도 조직 내에서는 특별한 대처가 없었다. 오히려 피해자가 불이익을 당하는 경우가 많았다.

'직장 내 괴롭힘 방지법'이 제출되었으나 4년째 국회에서 논의조차 안 되고 있다. 독일, 프랑스, 영국, 캐나다 등에서는 직장 내 괴롭힘을 법으로 규정하고 있다. 특히 프랑스는 괴롭힘을 노동자의 정신건강을 침해하는 중대한 불법으로 규정하고 민형사상 책임을 엄격하게 묻는다. EU는 평등법상 금지되는 차별 행위의 하나로 간주한다. ILO는 직장 내 괴롭힘을 "일의 과정에서,

또는 일의 직접적인 결과로서 합리적인 행동 범주에서 벗어나 그에 따라 폭행, 위협, 해를 입거나 상해를 입는 모든 행위, 사건 또는 행동"으로 규정하고 있다.

그러나 대학에서도 직장 내 인권과 일터의 민주주의에 대해서는 가르치지 않는다. 조직에 순응하는 인간으로서만 사회에 내보낸다. 노동이 상품으로 전락하고 신체의 안전조차 보장받지 못하는데 말이다. 이제 우리도 정규 교육과정에 민주주의와 인권 그리고 노동의 가치와 존엄성을 위한 노동교육을 의무화해야 한다. 세계인권선언 제3조에는 "모든 사람은 생명, 자유 및 신체의 안전에 대한 권리를 가진다"고 명시되어 있다. 그러나 병원이라는 일터에서 간호사의 인권은 무엇인지 반문해야 할 시점이다.

_ 2018. 1. 20

우리 회사 '갑질지수' 측정하기

언론에 갑질 사건이 잇따라 보도되고 있다. 지난 몇 년 사이 해외 언론들은 갑질에 걸맞은 단어가 없어 우리말 발음 그대로 'gapjil'로 표현했다. 사실 영어 사전에 한국어 발음 그대로 등재된 단어는 더러 있다. 'Hangul(한글)'이나 'Chaebol(재벌)'이 대표적이다. 인터넷 구글에서 'gapjil(갑질)'을 검색하니 약 2만8500개가 확인된다. 아직 신조어에 불과하지만 영어 사전에 등재되는 것도 시간문제일 것 같다.

올해 〈뉴욕 타임스〉는 '재벌'과 '갑질'이라는 한국어 단어를 소개했다. 대한항공 한 임원이 광고대행사 간부에게 폭언을 하고 물을 뿌린 행위를 한국인들이 '갑질'이라 부르는 행위의 대표적 사례로 언급했다. 기사에서는 갑질을 "봉건 영주처럼 행동하는 기업 임원이 부하나 하청업자를 학대하는 행위"라고 표현했다. 천박한 자본주의 사회에서나 볼 수 있는 어두운 단면이다. 일상에서는 '갑'과 '을'의 계약관계를 보여주는 독특한 표현이다.

최근 우리 사회의 갑질문화를 개선하기 위한 비영리단체 '직장갑질 119'가 직장문화를 반영한 갑질지수를 공개했다. 그간 언론을 통해 일부 사례로 드러난 현상들을 객관화한 것이다. 직장인 1000명에게 설문조사한 결과, 평균 지수가 0점 만점에 35점이었다. 갑질지수가 높을수록 직장갑질이 심한 것이다. 10곳 중 3곳 내외 직장에서 갑질이 만연해 있는 셈이다. 회사들이 법률만 준수하면 되는 것도 많았다. 충격적인 사실은 68개 문항에서 20점 이하 점수가 하나도 없었다는 점이다.

처음으로 공개된 갑질지수는 지난 1년간 제보된 2만2810건의 사례를 모아서 만든 것이다. 전문가의 자문과 토론을 거쳐 총 10개 영역, 68개 지표를 만들었다. 그간 만연한 갑질 정도를 수치화한 것이다. 대한민국 갑질 평균(35점)보다 상회하는 결과가 나온 문항도 무려 37개나 되었다. 직장갑질은 유형도 가지각색이다. 채용 정보가 실제와 다르거나, 외모나 학력, 성별 차별도 확인된다. 원치 않는 회식문화 강요나 체육대회, 단합대회 등 비

업무적인 행사 강요도 있었다. 부하직원을 무시하고 비아냥거리는 말, 본인의 일을 부하직원에게 반복적으로 전가하거나 강요하는 행태, 퇴근이나 휴일·휴가 기간에 SNS 등을 통한 업무지시가 대표적이다. 심지어 아픈데도 불이익을 당할까 봐 연차나 병가조차 사용하지 못하는 경우도 있었다.

주목할 점은, 중소 영세기업보다 민간 대기업과 공공부문에서 갑질이 더 심하다는 것이다. 특히 외국계 대기업은 50점 이상이 무려 12개나 된다. 주로 신입사원이나 직급이 낮은 직원들에게 회사 행사 때 원치 않는 장기자랑을 시키거나, 부하직원을 무시하거나 비아냥거리는 말에 대한 지수가 높았다. 외국계 명품 화장품 회사들의 경우 매년 연말 크리스마스 파티를 하는데, 전국 매장에서 일하는 여성들이 임직원들 앞에서 섹슈얼한 옷차림으로 장기자랑을 한 곳도 있었다. 아마 올해도 있을 것이다. 자국에서는 하지 않는 행태를 우리나라에서는 버젓이 하고 있다.

직장갑질의 결과는 다양한 시사점을 준다. 저임금이나 장시간 노동이 이루어지는 곳에서 직장갑질이 더 심각했다. 사업장 내 우월적 지위 관계에서 상대적으로 약자인 노동자들이 더 갑질을 당하고 있었다. 사회 불평등이 기업조직의 불평등으로 투영된 결과임을 확인할 수 있다. 이제 더는 늦출 수 없다. 무엇보다 국회에서 잠자고 있는 '직장 내 괴롭힘 방지법'이 시급히 통과되어야 한다. 이미 독일, 프랑스, 영국, 캐나다 등에서는 직장 내 괴롭힘을 법으로 규정하고 있다. ILO는 이런 심각성을 인식하고 최근 국제기준 마련을 위한 결정문까지 채택(2018. 6. 8)한 바 있다.

'직장갑질119'는 갑질지수 측정 프로그램(test-gabjil119.com)도 함께 공개했다. 국민 누구나 적극적으로 활용하면 좋겠다. 한 번쯤 우리 회사의 갑질지수는 몇 점인지 확인해보기를 권한다. 앞으로 직장갑질지수가 축적되면 우리 사회 직장문화의 현주소가 적나라하게 드러날 것이다. 내년에는 대한민국 갑질지수가 한 자릿수 미만이기를 소망한다.

_ 2018. 11. 23

직장 내 괴롭힘 금지법의 과제

연구조사를 하다 보니 어느 순간 연락처에 서비스 관계자가 많다. 병원, 은행, 로펌, 백화점, 호텔, IT, 통신, 방송사, 운송 등 다양한 곳에서 일하는 사람들을 만나왔다. 그중에서 가장 잊히지 않는 기억은 간호사다. 직장생활 중 가장 힘든 일로는 밤과 낮이 수시로 바뀌는 3교대 근무를 꼽았다. 학교 졸업 후 병원에서 처음으로 밤 근무를 시작했을 때, 일을 계속할지 고민까지 했었다고 한다. "몇 달간 우울증도 생겼던 것 같다. 이제 익숙해졌지만 병원 생활 3년째에는 몸도 망가지고, 친구들도 못 만났다. 쉬는 날이면, 자기계발보다 잠자는 것에 만족했다"는 말에는 힘든 삶이 그대로 녹아 있었다.

우리나라에서 '직장인'으로 하루하루 살아간다는 것은 어떤 모습일까? 일요일 저녁만 되면 다음 날 출근 걱정으로 신경이 곤두서는 사람들. 매일매일 다람쥐 쳇바퀴 돌 듯하는 직장생활에서 장시간 노동으로 2주일 이상 휴가는 상상도 하지 못하는 현실. 삶을 영위하는 데 필요한 최소한의 시간조차 보장받지 못하는 일터는 과연 안전한가? 1년, 2년, 3년 다니다 어느 순간 건강검진에서 이상 징후를 발견하고서야 휴직할 수 있다. 최근에는 직장 내 괴롭힘으로 힘들어하는 사람도 많다. 왜 우리는 일하며 병들어가야 할까? 출근할 때마다 아파하는 직장인들. 왜 우리는 일에서 행복을 찾을 수 없는 것일까?

과거 우리 사회에서 진폐(1980), 화학물질중독(1990), 뇌심혈관계질환(2000), 직업성암(2010)과 같은 작업 환경 위험성이 시기별로 사회적 관심을 갖게 된 것은 제도의 변화와 맞물린 결과다. 최근에는 감정노동, 괴롭힘, 플랫폼 노동, 디지털 건강과 같은 영역들이 새로운 의제로 제시되고 있다. 모두 안전보건 보호정책이 부족한 탓에 비표준적인 계약과 고용으로 어려움을 겪는 노동자들과 관계된 것이다. 아직 많은 노동자가 여전히 일터에서 안전보건 위험에 노출되어 있다. 이런 위험을 마주하고 있는 노동자들을 간과하지 않는 것이 중요하다.

ILO는 올해 〈일의 미래를 위한 노동안전보건〉 보고서를 발간했다. 보고서 서문에서 100년 전 세계는 왜 직업병과 산재사고에 대응했는지 질문을 던진다. 특히 ILO는 전 세계 모든 지역에서 많은 노동자가 사회심리적 위험이나 업무 관련 스트레스 등과 관련된 비감염성질환이 우려된다는 점을 지적하고 있다. 이런 이유로 ILO는 지난(2019) 6월 제108차 총회에서 '일터에서의 폭력과 괴롭힘ILO Convention on Violence and Harassment' 관련 협약(제190호)과 권고(제206호)를 채택했다. 이날 채택된 협약은 직장에서 근로계약 조건과 상관없이 어떠한 종류의 폭력이나 괴롭힘으로부터도 노동자를 보호해야 한다는 내용을 담고 있다.

때마침 한국도 오는 16일부터 '직장 내 괴롭힘 금지법'이 시행된다. 시행되기 전부터 기업은 물론 직장 관리자들은 법률의 포괄성에 어려움을 호소하고 있다. '괴롭힘'의 정의 및 종류와 행위에 따라 포괄성이 높다는 점을 이유로 든다. 직장갑질119라는 시민단체가 이달 초 직장인 1000명을 대상으로 조사한 결과를 보니, 10명 중 3명은 직장 내 괴롭힘으로부터 안전하지 않았고, 법이 시행되어도 괴롭힘은 줄어들지 않을 거라는 응답이 무려 41.9%나 되었다. 기존 관성에서 변화하기란 결코 쉬운 일이 아니지만, 폭력과 괴롭힘 금지는 필수적인 시대적 과제다.

이제 우리도 노동안전의 위험을 예측하고 새로운 미래의 노동에 대처해야 한다. ILO 협약에 비해 우리나라 법률은 협소하고 제한적이다. 이번 협약에는 신체적 학대는 물론 언어적 학대, 왕따, 폭력, 성희롱, 위협 및 스토킹 등도 포함하고 있다. 또한 정보통신이나 플랫폼 노동을 포함해 계약상 지위와 관계없이 직장인 모두 보호받는다. 가해자는 고객이니 서비스 제공자 및 환자와 같은 제3자도 고려된다. 일터의 위험성을 예측하고 미래의 노동을 위해 함께 풀어야 할 숙제가 많다.

_ 2019. 7. 5

전화기 내려놓고 숨 쉴 틈을

"참고, 인내하고, 적응하는 직업"으로 지칭되는 일이 바로 콜센터 상담 업무다. 최근 언론에서 보도된, 화장실 이용도 허락을 받거나 순번제로 운영한다는 사실은 한마디로 충격적이었다. 우리 사회 어디에서 인권을 찾아야 할까? 공공부문 콜센터도 휴게시간조차 보장하지 않는 곳이 많다. 콜센터 상담사 거의 대부분이 비정규직이기에 고용불안과 노동조건이 매우 열악하다. 감정노동이나 괴롭힘 문제는 지난 수년 동안 사회적 문제로 제기된 바 있다.

콜센터 법률 위반은 민간위탁으로 운영되는 곳에서 주로 확인된다. 어떤 곳은 감점제도 때문에 연차휴가조차 자유롭게 사용하지 못한다. 매월 마지막 주에 연차휴가를 신청하되, 변동은 2회까지만 가능하다. 3회부터는 횟수별로 성과평가에서 감점을 받는다. 근로기준법상 보장받아야 할 권리조차 침해받고 있는 것이다. 지자체 한 곳에서는 상담사 콜 수와 통화 시간에 비례해 휴게시간을 부여하고 있다. 이와 같은 서비스 레벨 제도는 콜센터 노동자들을 쉴 틈조차 없이 일하도록 만든다.

고객만족과 서비스 향상을 위해 운영하는 인센티브와 평가 방식은 노동 통제의 대표적 수단이다. 상담사 콜 수, 통화 시간, 1차 처리율, 상담 이력 충실도, 업무 테스트 등이 실시간 혹은 주기적으로 모니터링된다. 고객지원 업무를 수행하는 곳에서는 매월 상담사 업무 테스트가 진행된다. 나머지 공부라고 하여 '틀린 문제 두 번 써오기'와 같은 숙제도 있었다. 공공부문 콜센터에서조차 '고객만족'과 '응대율'이 평가의 전부로 인식되고 있다.

현장에서 이루어지는 과도한 비인격적 운영 방식은 비판받아야 한다. 특히 콜센터 사례관리 및 평가과정QA 형태인 '콜 코칭'에서 인격모독이 많이 자행된다. 예를 들면 특정 민원 사례를 지목해, 동료 비판자에게는 포상을 주고 해당 상담사는 1주일간 교육을 시킨다. 상담사가 코칭룸(유리문)에 불려가면 "너는 무는 생각으로 출근을 하냐?" "집안에 우환이 있어 콜을 그렇게 받냐?" 등의 인격모독을 감내해야 한다.

지난 2년 동안 공공기관 전체 민원 발생VOC 건수는 143만 건, 감정노동 발생 건수는 3649건이었다. 콜센터 업무 특성상 악성·강성 민원은 상담사들이 가장 힘들어하는 문제다. 그 때문에 2018년 10월부터 감정노동보호 법률이 시행되고 있다. 그러나 정부 각 부처 및 공공기관에서조차 실효성 있는 대책을 세우지 않고 있다. 무엇보다 감정노동자 보호 홍보물 게시와 음성·안내 방송 등은 어려운 일이 아니다. 큰 예산이 소요되는 것도 아닌데, 공공기관에서 도입률이 23.5%에 불과하다. 과거 법과 규정이 없어 시행하기 어렵다고 말하던 이들의 인식 수준을 확인할 수 있다.

서울시는 120다산콜재단 설립 이후 고용의 질 개선은 물론 감정노동 해소 방안도 실행하고 있다. 상담사의 감정노동 해소를 위해 적정 휴게시간을 보장하고, 건강 프로그램 등을 진행하고 있다. 또한 무조건적 친절 교육이 아닌 현장 업무 교육을 강화하고 있다. 특히 이용자로부터 성희롱이나 폭언 등이 진행될 경우 상담사에게 '끊을 권리'를 부여하고, 악성 민원인은 서울시 차원에서 법률 대응을 하고 있다. 이 정책 실행 이후 악성 민원이 대폭 감소한 것은 우리 사회에서 어떤 정책이 필요한지 깨닫게 해준다.

그럼에도 아직 공공기관과 지자체에서는 콜센터를 민간위탁으로 운영하려는 곳이 많다. 외부 민간위탁으로 운영하는 것이 전문성과 효율성이 높다지만, 1일 130콜을 받도록 하면서 노동자들을 쥐어짜는 방식이 과연 맞는 선택인지 모르겠다. 노동자 착취를 통한 고객만족이 과연 올바른 공공행정인지 반문해야 한다. 심지어 정부의 공공부문 민간위탁 가이드라인을 비웃기라도 하듯, 새롭게 시작하는 콜센터 업무를 민간위탁으로 운영하는 곳도 있다.

어느 순간 효율성이 공공행정에서 좋은 모델로 인식된 지 오래다. 현재처럼 1년 365일, 24시간 콜센터 운영이 정말 필요한지 모르겠다. 콜센터 상담사에게 전화기를 내려놓고 숨 쉴 틈을 주는 것이 그렇게 어려운 일인가? 이제 공공행정 민원 서비스는 효율성이 아닌, 공공성과 전문성이 기준이 되어야 한다. 프랑스의 파리나 독일의 베를린처럼 전문 공공행정 서비스를 추구하는 콜센터 사례를 참고하면 좋을 것이다.

_ 2019. 12. 26

조직 내에서 '찍힌 사람'에겐 일을 주지 않거나 감당하지 못할 업무를 주기도 한다. "말끝마다 토 달지 마! 지금 장난하는 거야! 숨만 쉬고 지냈냐? 등의 말을 들을 때면 심장이 떨리고 정신과 감정이 무너질 수밖에 없었다"는 이야기는 할 말을 잃게 한다.

참 이상한 나라의 직장갑질과 괴롭힘 대처

동료 연예인, 매니저, 스타일리스트, 경비원, 운동선수까지, 직장갑질 문제가 사회적 이슈다. 갑질 유형은 업무와 무관한 지시나 인격모욕이 많다. 하지만 험담, 따돌림, 강요, 폭언·폭행, 성희롱과 부당인사까지 다양하다. 쓰레기 분리배출과 배달 생수통 운반 등 가족의 허드렛일부터, 개인 신발 수선이나 강아지 수발까지 시킨 사례도 확인된다. '갑질'이 무엇인지 보여주는 직관적 사례다.

특성상 갑질은 우월적 지위로부터 발생한다. 이 때문에 인사제도에서 자유롭지 못한 직장인들은 부당인사에 대한 문제제기조차 하기 힘들다. 특히 권위적이고 위계적인 조직에서는 선배의 갑질이 심하다. 조직 내에서 '찍힌 사람'에겐 일을 주지 않거나 감당하지 못할 업무를 주기도 한다. "말끝마다 토 달지 마! 지금 장난하는 거야! 숨만 쉬고 지냈냐? 등의 말을 들을 때면 심장이 떨리고 정신과 감정이 무너질 수밖에 없었다"는 이야기는 할 말을 잃게 한다.

오는 7월 16일이면 '직장 내 괴롭힘 금지법'이 시행된 지 1년이 된다. 그사이 괴롭힘이 줄어들었을까? 시행 6개월 동안 고용노동부에 103건이 신고·접수되었다고 하니 연간 200건 남짓 될 듯하다. 반면 '직장갑질119'에는 올해 6개월 동안 1588건이 접수제보되었다. 월평균 265건이다. 모욕·명예훼손(27.3%), 폭언·폭행(16.1%), 따돌림·차별(15.9%), 강요(12.4%), 부당지시(11.4%)가 많았다.

2030세대의 갑질 감성지수는 71점인데, 50대 이상은 66.3점에 불과하다. 세대 간 갈등은 이제 사회적 현상으로 인식된다. 남성(66.8점)과 여성(72.4점)의 감성지수 차이도 크다. 낡은 사고방식은 세대 차이의 시작인 듯하다. 노동감수성은 '세대'와 '젠더'가 교차한다. 사적인 일은 묻지도 말고 시키지도 말아야 하지만 이런 일들이 반복된다. 소위 '꼰대문화'는 친근함을 이유로 한 반말이나 하대, 위압적인 업무 지시, 휴일·휴가 사용 제한 등에서 드러난다. 잘못된 관행을 바꾸려 하기보다 합리화하는 조직문화가 더욱 문제다. 공식·비공식적인 회의구조의 경직성부터 비합리적인 조직 운영까지 '일터 민주주의'는 위험한 수준이다.

조직 내 인권센터나 갑질피해센터 등이 있었지만 몇몇 사례를 보면 소용없었다. 부당대우나 피해가 언론을 통해 확인된 것은 빙산의 일각이다. 가혹행위로 힘들어하던 고故 최숙현 선수는 협회를 비롯한 국가기구에 4차례 이상 신고·고발을 하면서 도움을 요청했지만 답을 받지 못했다. 최숙현 선수의 경우 가혹행위는 단순 일회성이 아니라 지속적이고 반복적이었다. 극단적인 선택을 할 수밖에 없었던 상황과 가해자들의 항변(?)을 접한 시민들의 사회적 공분이 확산되고 있다. 국회와 정부부처의 움직임을 보면 매년 반복되는 문제에 되풀이되는 대책들이 나올 뿐이다. '참 이상한 나라다!'

갑질 상황에서 살아남고 괴롭힘에 대처하기 위한 해법은 무엇일까? 현행 법률에서는 괴롭힘 피해자가 사용자에게 신고하도록 하고 있다. 이게 정상일까? 어느 직장에서 상급자나 사용자의 괴롭힘을 회사에 보고할 수 있을까? 제도 변화가 사회의 변화를 이끈다. 가해 사실을 노동부에 신고할 수 있도록 하고, 제3자에 의한 가해도 포함해야 한다. 특히 가해자 처벌 및 조치 의무

미이행 시 처벌 조항과 괴롭힘 금지 교육 법정의무교육 조항을 꼭 넣어야 한다. 또한 4인 이하 사업장 및 특수고용, 플랫폼 노동자에게도 적용되도록 해야 한다.

일터에서 기본적 노동의 권리가 보장되어야 갑질과 괴롭힘 문제가 해결된다. "인권은 모든 억압하는 것에 대한 저항에서 출발한다!"는 문구는 우리에게 시사하는 바가 크다.

_ 2020. 7. 10

지금, 더 힘든 청년들

5

과속방지턱이 필요한 '청년의 흉터들'

'평등을 일상으로.' 2021년 여성가족부 성평등 포럼 문구다. '미래 여는 새로운 성평등 세상'을 모토로 청년의 일과 삶이 토론 주제였다. 젠더, 세대, 연령의 노동시장 불평등을 확인할 수 있는 자리였다. 모두가 알고 있는 사실이지만, 우리는 OECD 회원국 중 젠더 기반 불평등이 소득, 고용의 질, 정신건강 문제에서 심각하다. 사회적 지원 부족 지수도 OECD(8.6)의 두 배(19.2)가량 된다. 어려운 시기에 의지할 수 있는 친구나 친척이 없는 것이다.

이 때문일까? 주위 청년 활동가를 통해 접한 현실은 암울하다. "사람과의 관계가 힘들고 너무 괴로워 출구를 찾고 있다"거나 "정신 스트레스와 고통받는 주변인이 떠올라 더 울컥했다"는 청년의 이야기를 접하면서 마음 한구석이 착잡했다. 코로나19는 청년과 여성, 비정규직 집단에 더 큰 충격을 준 것 같다. 일자리를 상실한 20대 초반 여성의 우울감이나 정신건강이 위험한 것으로 확인되었다. 특히 저소득 청년이나 교육훈련을 받지 못한 청년은 더 많은 위험에 노출되었다. 노동시장에서 일 경험은 매우 중요하지만 오랜 기간 일자리를 갖지 못할 경우 정신건강이나 사회적 관계 단절 등 흉터 효과로 나타날 수 있다.

15년 전과 비교할 때 청년의 삶은 어떨까? 여성 청년의 경제활동인구나 고용률은 증가했다. 그러나 좋아할 일만은 아니다. 노동시장에서 여성 일자리는 저임금에 불안정한 곳이 많다. 특히 20대 초기 여성 비정규직 증가 추이를 유의해서 봐야 한다. 청년 노동시장에서 여성의 장기 실업(2만5000명)과 비구직 니트NEET(20만7000명) 증가가 두드러진다. '그냥 쉬었다'는 비경제활동인구의 여성 청년이 25만5000명으로, 지난 15년 사이 두 배 이상 증가했다. 학교를 떠난 이후 노동시장으로의 이행 차질은 소득 감소와 불안정 고용 상태로 귀착될 수 있다.

불평등한 노동시장의 현실은 20대와 30대 청년기 전반에서도 확인된다. 20대에서 30대로 넘어갈수록 성별 임금 격차는 더 벌어진다. 정규직이 아닌 기간제 비정규직인데도 말이다. 20·30대 남성 비정규직이 100일 때 20대 여성은 86.3이었고, 30대 여성은 87이었다. 그런데 프리랜서와 플랫폼 노동에서도 성별 임금 격차가 확인된다. 20·30대 남성 플랫폼 노동자가 100일 때 여성은 모두 70.6에 불과했다. 기존의 직종 분리 현상과 격차가 청년층에도 그대로 투영된 것이다. 플랫폼 노동자의 56.8%가 청년이라는 점을 고려하면 간과할 문제는 아니다. OECD 회원국의 평균(12.9)보다 3배 가까운 성별 임금 격차(34.6)의 그림자일지도 모른다.

변화하는 사회·경제적 환경에 맞게 정책의 전환이 필요하다. 청년실업과 고용의 '취업'문제로 접근하면 문제의 본질을 포착할 수 없다. 성평등 노동, 그리고 청년과 여성의 교차된 시각에서 새롭게 재구성해야 한다. 무엇보다 코로나19의 상처에서 빠르게 회복할 수 있도록 마음건강 지원이 필요하다. 20·30 여성의 우울증과 자살률은 심각한 상황이다. 고위험군에 대한 개입뿐만 아니라, 저위험군과 단순 우울군 청년들이 고위험군으로 질주하지 않도록 과속방지턱이 필요하다. 이런 현실을 뒤로한 채 "ESG 시대에 청년으로 어떻게 살지 스스로 답을 찾으시오, 청년 정신으로!!"가 맞는 이야기일까.

평등을 향한 기나긴 여정에서 청년의 삶도 함께 고민해야 한다. 활력 있는 일을 선택할 수 있도록 청년들에게 더 많은 기회를 보장하고, 청년 스스로 개개인의 삶과 역량 형성이 가능하도록 적극적인 지원을 해야 한다. 차별받지 않고 안전하게 일할 수 있는 환경도 조성해야 한다. 현행 대기업 고용 형태 공시제에 플랫폼 노동시장까지 결합한 적극적인 노동시장정책을 설계해야 한다. 무수히 많은 청년에게서 교육 기회를 박탈하고, 그들을 돈이 되지 않는 일자리 및 빈곤에 가두는 악순환의 고리를 끊기 위해서는 실천적 운동과 새로운 사회계약이 필요한 시점이다.

_ 2021. 11. 5

그대, 변화의 꿈에 참여하라!

'다른 차원을 여는 이야기.' 청년의 삶을 바꾸려는 서울시 청년의회의 슬로건이다. 청년의회는 서울에 거주하는 청년들이 자기 삶을 바꾸기 위한 정책 제안 공간이다. 올해로 벌써 네 번째다. 그동안 서울지역 청년들은 청년의회를 통해 활동공간이나 청년수당 그리고 주거와 일자리정책 등을 제안했다.

2018년 청년의회에서는 어떤 정책들이 제시되는지 궁금했다. '여러분은 버스 안의 휠체어를 본 적이 있나요?' '우리가 독립할 수 있는 집은 없다!' '안심을 넘어 평등으로' '진학하지 않아도 괜찮아' '인서울과 탈서울' 등과 같은 10가지 정책을 제안했다.

청년들의 목소리는 한결같았다. 과거의 주택 공급정책에 안타까워했고, 청년자치 공간을 마구마구 홍보해달라고 했다.

하나같이 현실적이고 필요한 정책이었다. 대부분 법제도를 고칠 필요도 없었다. 정책 의지만으로 충분히 실현 가능한 것들이었다. 그중 가장 기억에 남는 장애인 저상버스 이용문제는 공감을 이끌기에 충분했다. 비장애인들이 일반버스와 저상버스를 구분해서 탄 적이 있을까? 그러나 장애인에게는 중요한 이동권이다. 규칙적이지 않은 배차 시스템, 마지막 저상버스를 놓칠 경우 일반버스 접근 불가, 장애인 승차 의사표시(알림 시스템) 등 꼼꼼히 살피지 않으면 체념하기 쉬운 내용들이다.

이러한 정책을 만들기 위해 13개 분과별로 4개월 동안 80여 차례 회의를 했다고 한다. 무엇이 이러한 열정과 관심을 만들게 했을까? 한 청년에게 물어보니, "바로 자신들의 목소리가 사회에 많이 전달되기를 바라기 때문"이라고 한다. 특히 '안전한 공간'이라는 말에 미안함이 들었다. 기성세대들에게 청년들의 주장은 '불평불만'의 목소리였고, 치기 어린 애들로 인식되기도 했다. 그런데 청년의회에서는 같은 고민을 나누고 존중받고 있다는 경험이 열정을 불러일으킨 것이다.

혹자는 예전과 달리 우리 사회가 바뀌었다고 하지만, 현실은 그렇지 않다. 나이와 서열의 권위주의, 사회적 약자에 대한 차별과 배제, 다양성을 존중하지 않는 획일성은 서울의 2030 청년들이 가치관 갈등으로 꼽은 세 가지다. 권위주의가 가치관 갈등의 1위(5점 만점 4.4점)라고 하니 마음이 씁쓸하다. 같은 청년이라도 여성과 남성은 가치관 점수 차이가 두 배 이상 났다. 이런 현실을 반영하듯 청년들은 앞으로 인권, 다양성, 탈권위, 공정, 성평등, 신뢰, 안전, 환경 등을 우리 사회가 핵심적 가치로 추구해야 할 의제로 꼽았다.

4년간 노력한 결과 청년들은 서울시라는 지방정부 내에 '자치정부'라는 실행력을 갖춘 집행기구를 만들었다. 서울시는 청년들의 제안을 받아들여 2019년부터 정책 수립과 예산 집행에 청년이 직접 참여하는 모델을 실현한다. 우선 시장 직속으로 청년청을 신설하고, 청년의회는 상설 거버넌스 조직으로 확대될 것 같다. 연 500억 원 규모의 예산과 사업도 청년자율예산제를 통해 집행할 예정이다. 특히 서울시 각종 조례 위원회에 청년들이 15%까지 참여하도록 한 것은 세대 불균형을 맞추기 위한 노력이다.

그러나 청년들은 하나같이 행정조직의 느린 행보를 지적한다. '나도 고발한다#MeToo'나 '디지털 성범죄' 등 새로운 사회 이슈가 발생하는데도 제도와 규칙 때문에 빠르게 대응하지 못한다고 토로한다. 국가기구나 행정의 '지체된 적응' 때문이다. 자치정부 준비단은 앞으로 변화하는 환경에 조응하는 의제와 사업을 위해 다양한 청년을 만난다고 한다. 반가운 일이다. 청년의 삶은 청년들이 가장 잘 알기에 의미 있는 정책들을 기대해본다.

2002년 독일에서 전 세계 최연소 국회의원이 당선되었다. 당시 열아홉 살의 독일 녹색당 당원이던 안나 뤼어만은 재선에 성공한 이후 한국에도 다녀갔다. 대학 강연에서의 발언이 아직도 인상적이다. "그대, 변화의 꿈에 참여하라!" 청년들에게는 희망의 메시지였다. 이제 서울만이 아니라 경기, 광주, 대구, 부산, 제주 등에서도 다른 차원의 이야기에 귀를 기울일 시점이다.

_ 2018. 9. 28

청년 빠진 청년정책, 이제 그만

최근 우리 사회의 주요 화두는 '청년'이다. 대학을 졸업하고도 좋은 일자리를 찾지 못하는 현실은 어제오늘의 일이 아니다. 대학 졸업자의 절반 이상이 취업하지 못하고, 취업하더라도 비정규직이나 불안정한 일자리가 대부분인 현실이 15년 이상 지속되었다. 학교를 졸업하고 첫 직장을 찾는 데 11개월 정도 소요된다. 1년 이상 장기 미취업 청년도 22만 명이 넘는다. 이 시간에 청년들은 생계와 취업 그리고 자기 삶을 스스로 모색해야 한다. 일자리를 상실했거나 일 경험이 없는 청년은 실업급여와 같은 소득지원도 받지 못한다. 그사이 신용불량, 건강이상, 사회단절과 같은 문제들이 깊어진다.

그간 우리 사회에서 '청년'이 정부정책으로 등장한 것은 IMF 외환위기 이후 청년실업이 심각한 사회문제로 대두한 시기였다. 2003년 '청년실업 종합대책' 발표 때부터다. 약 15년이 흐른 지금까지 정부정책은 고용문제 중심이었다. 2004년 제정된 '청년실업해소특별법'과 2023년까지 연장된 '청년고용촉진특별법' 또한 고용과 실업에 초점을 둔 법률이다. 문재인 정부 시기 '청년일자리종합대책'(2018. 3. 15)도 일자리가 대부분이다. 그나마 10여 곳의 지자체에서 시작한 청년수당이 '청년구직활동지원기금'이라는 이름으로 올해부터 전국적으로 시행된다.

정부의 청년정책은 어떤가? 미취업 청년들에게 정부는 40여 개 프로그램을 제공하고 있다. 하지만 청년의 상황을 반영하지 못하고 있다는 인식이 높다. 이행기 청년 노동시장의 특성이나 삶의 조건을 간과했기 때문이다. 청년은 취업준비생, 자발적 이직, 불안정 고용, 니트까지 매우 다양한 위치에 있다. 실제로 2019년 서울지역 2000명의 청년에게 '개인의 행복한 삶의 중요도'를 물었더니 다양한 가치관과 상상력이 확인되었다. 이를테면 '인간관계를 통한 안정감'이나 '건강한 정치문화와 시민으로서의 참여' 그리고 '사회적 지위 등 사회로부터 얻는 안정'이 5위 안에 들었다. 청년들의 가치관이 경제적 가치와 휴식과 문화 외에도 다양하게 확장되어가는 변화를 엿볼 수 있었다.

이런 상황에서 지난주 당·정·청은 청년대책을 발표했다. 국회에서 '청년기본법'을 추진하고, 총리실 산하에 '청년정책조정위원회'를 설치하며, 청와대는 '청년정책관실'을 신설한다고 한다. 앞으로 245개 지자체에 청년 관련 행정조직이 만들어지고, 지역에서 청년의 욕구에 부합한 정책이 마련될 것 같다. 이제 우리 사회가 청년정책 제도화의 첫발을 내디딘 것이다. 다만 과거 정부가 발표한 청년정책들이 왜 실패했는지 반면교사로 삼아야 한다. 국책 연구기관의 수많은 보고서가 왜 청년들에게 환영받지 못했는지도 꼼꼼히 살펴봐야 한다.

앞으로 청년의 삶에 다가가는 정책으로 발전하기 위해서는 몇 가지 해결 과제도 확인된다. 무엇보다 청년정책은 청년 당사자들이 정책을 발굴·제안·결정하고 이에 대한 예산편성과 집행까지 설계할 수 있도록 정책 과정이 혁신적으로 변해야 효과성을 담보할 수 있다. 정책 방향과 제도는 EU에서 2013년부터 권고한 '청년보장제도youth guarantee'가 참고할 만하다. 청년보장제는 청년의 삶과 여정에 초점을 둔 포괄적이고 총체적인 정책이다. 물론 정책 운영 모델은 서울시의 청년청, 청년의회, 청년정책네트워크, 지원조직 사례 등을 통해 보다 발전시킬 수 있을 것이다.

지난(2019) 3월 서울시 '청년시민회의' 모임이 열린다기에 찾아갔다. 40개 분야별 정책을 논의하기 위해 약 1000명의 청년이 한자리에 모였다. 무엇이 그들을 한곳에 모이도록 했을까? 불안정한 미래에 대한 답을 찾기 위해서일까? ILO는 청년의 즉각적인 구직활동을 강제하지 말아야 한다고 규정하고 있다. 개인적 배경과 관련 없이 모든 청년이 사회구성원으로서 지위를 보장받아야 한다는 취지에서다. 시민으로서의 청년. 이제 우리 사회에서 '청년'이 사회 주체로 미래를 설계하는 모습에 중앙정부와 지방정부 그리고 국회가 답할 때다.

_ 2019. 5. 10

청년 불평등, '말할 권리를 넘어 들려질 권리'로

2020년 새해 국회에서 청년기본법이 통과되었다. 법안 발의 1319일 만의 결실이다. 법안이 통과되던 날, 눈물이 날 것 같다는 청년도 있었다. 이런 날이 오리라 생각하지 못했기 때문이다. 법안 통과를 위해 수많은 청년 활동가가 노력했다. 그들의 헌신적 노력이 없었다면 불가능했을지도 모른다. 사실 청년기본법은 여야 간 이견이 없었던 비쟁점법안이다. 그러나 보수 야당의 발목 잡기로 법안 통과가 녹록지 않았다. 20대 국회 1호 법안을 청년기본법으로 발의하고도 청년의 삶을 외면하는 행태를 보였기 때문이다. 불과 한 달도 채 되지 않은 지금 총선을 앞두고 청년과 '동반자'가 되겠다고 한다. 보수 야당과 정치인들의 이런 행태에 더 화가 난다.

학교를 졸업하고 취업까지 약 1년이 소요된다. 그사이 돈 때문에 만남을 피하고 끼니를 거르는 청년들도 있다. 취업 준비에 필요한 학원비와 주거·생활비에 스트레스와 우울증으로 힘들어 하는 청년까지. 청년 내부에 존재하는 다양한 문제를 이해하기란 쉽지 않다. 주위 수많은 청년이 학력, 지역, 젠더 등의 이유로 차별을 받고 있다. 크게 모나지 않은 청년들인데 왜 이렇게 고통받아야 하는 걸까? 그동안 청년들은 자신들이 겪는 문제를 '문제'라고 말했으나 기성 사회는 말할 기회를 주지 않았다. 학교를 떠난 순간 취업하지 못한 자는 우리 사회에서 말할 권리마저 박탈당하기 때문이다.

심각한 문제는 소득불균형과 자산 격차가 교육과 직업까지 대물림되는 현상이다. 우리 사회는 구조적 불평등이 임계점에 와 있고, 그 중심에 청년들이 놓여 있다. 통계청 자료 분석 결과, 월 200만 원 미만 저소득 부모의 자녀 역시 저소득자가 될 확률이 절반 이상(56.4%)이고, 부모가 비정규직일 때 취업 자녀가 비정규직으로 고용될 확률은 3분의 1(37.1%)이나 된다.

청년 불평등 문제를 해결하기 위해서는 적어도 공정한 출발이 필요하다. 절차적 공정성에 분노하는 것만으로는 경쟁에 내몰린 청년들의 현실을 바꾸기 어렵다. 청년의 삶을 공감하고 이해해야만 청년정책도 변한다. 청년정책의 공백과 빈자리에 어떤 정책이 필요할까? 서울시가 2015년부터 시작한 청년수당은 다양한 정책적 효과를 확인시켜준다. 진로를 정하지 못한 청년 10명 중 7명 이상(76.6%)은 목표를 찾거나 구직에 나섰고, 지원 프로그램에 참여하면서 심리적 안정감도 찾고 있는 것 같다.

게다가 서울시는 지난(2020. 1) 19일 국내 최초로 '청년 불평등 완화를 위한 범사회적 대화기구'를 발족했다. 100여 명의 다양한 시민이 불평등 문제를 해결하기 위해 토론하고 대안을 만들 예정이다. 10대부터 60대까지 학생, 회사원 등 다양한 구성원이 참여했다. 서울만이 아니라 지역의 청년들도 눈에 띈다. 앞으로 2년간 공정·격차 해소, 정치·사회 참여, 분배·소득 재구성 각 3개 분야 전문가, 활동가 그리고 자문단이 시민들과 함께 공론의 장을 꾸려갈 예정이다. 우리 사회에서 불평등 문제를 해결하기 위한 첫 시도다. "우리 미래를 스스로 결정하겠다"는 10대 청소년 활동가의 이야기가 귓가에 맴돈다. '납작한 공정성'이 아닌 불평등을 해소하고자 하는 기대인 것 같다.

"소득은 굶주린 배를 채우지만, 자산은 삶에 대한 생각을 변화시킨다"는 한 학자의 말은 정책이 어떻게 작동되어야 할지 방향을 제시해준다. 청년 불평등 해결의 출발점은 목소리가 박탈당한 청년 당사자들의 이야기를 더 많이 듣는 것이다. 사회가 청년'들'의 목소리를 들어줄 준비가 되어 있고, 비로소 그들이 자신의 문제를 '문제'로 이야기할 수 있을 때 해결의 실마리가 풀릴 것이다. 그동안 "분노해봤자 변하는 게 없다"는 청년들의 목소리에 귀를 기울이지 않았다. 우리 사회는 더 많은 청년의 목소리가 필요하다. 이제 서울에서 시작한 청년들의 '들려질 권리'가 타 지역과 중앙정부에까지 이어지면 좋겠다.

_ 2020. 1. 24

'배제된 청년'에게 평등한 노동시장의 권리를

곧 개강이다. 언제부터인가, 대학 강의를 나가면서 낯선 모습을 확인하게 된다. 졸업해야 할 학생들이 학교에 남아 있는 현상이다. 바로 졸업 유예자들이다. 목적의식이 명확한 친구들도 있지만, 졸업을 앞두고 자기모색이 필요한 친구들도 보인다. 이제는 취업 자체가 이행기 노동시장에서 하나의 '인생 시험'이 된 것 같다. 청년들은 1년 내내 취업을 준비한다. 심지어 대학 1학년 신입생 때부터 취업을 준비하는 친구들을 보면 마음이 더 우울하다.

취업 준비와 경력 쌓기를 위한 휴학 현상은 어제오늘의 일이 아니다. 그렇지만 지난 10년 사이 대학 휴학자 비율은 더 증가하는 추세다. 2명 중 1명은 취업문제로 휴학을 한다. 대학 졸업자 10명 중 4명이 취업하지 못하고 있으니 그럴 만도 하다. 그나마 눈높이를 낮춘 '하향 취업'이 반영된 지표다. 어렵게 취업하더라도 문제가 해소되는 것은 아니다. 취업 후 2년 사이 직장을 떠나는 청년이 적지 않다. 소위 '묻지 마 취업'은 줄었지만 직장 유지율이 크게 개선되지 않고 있다. 대부분 노동조건이나 직장 분위기, 전망 등이 맞지 않아서다.

통계 분류상 이렇게 개인적 사유로 직장을 떠나는 사람은 '자발적 퇴사'로 분류돼 곧바로 고용보험 적용 대상에서 제외된다. 그렇다 보니 구직·실업급여를 받지 못한다. 자발적 퇴직자는 20·30대 첫 직장을 택한 청년이 더 많다. 고용보험 사각지대에 놓인 청년이 384만 명(37.8%)에 이른다. 그중 5인 미만 영세사업장이나 비정규직이기에 고용보험에서 누락된 청년이 170만 명(16.8%)이다. 더 큰 문제는 아르바이트나 프리랜서처럼 가입 대상에서 제외된 청년도 107만 명(10.5%)이나 된다는 것이다.

학교를 졸업하고도 취업하지 못한 청년문제가 주로 부각되다 보니, 졸업 이후 문제는 관심 밖의 일이 된 지 오래다. 취업 후 어쩔 수 없이 혹은 보다 나은 일자리를 찾기 위해 직장을 떠나는 청년이 많아지고 있다. 물론 고용안정과 임금, 복지 등의 선호도가 높은 것은 사실이다. 그렇다 보니 대기업과 공무원이 취업의 전부로 인식되는 것일지도 모르겠다. 그렇지만 최근 직업 선택 기준이 다변화하는 것도 확인된다. 주위에도 일과 자신의 삶을 동일시하는 청년이 하나둘 생기고 있다. 하고 싶은 일, 즐거운 일을 찾고자 하는 청년이 늘어나고 있기 때문이다. 청년들의 삶과 가치관의 이런 변화는 긍정적이다.

그러나 변화하는 사회현상에 제도가 따라가지 못하고 있다. 우리나라 고용보험제도는 더욱 그렇다. 예전에는 고용보험의 사각지대에 비정규직 청년이 화두였다. 그러나 이제는 사각지대가 아니라 한 영역으로 자리 잡았다고 봐야 한다. 특히 고용보험을 납입하고도 '자발적 이직'이라는 이유로 실업급여를 받지 못하는 24만 명의 청년을 방치하는 것이 과연 정당한 사회인지 반문해야 한다. 연간 423억 원이면 재취업을 준비하는 청년들에게 6개월의 기회와 시간을 보장해줄 수 있다. 물론 조금 더 사회적 포용성이 있다면 아르바이트(23만 명)나 1인 창업과 프리랜서 청년(100만 명)에게까지 그 대상을 넓히는 고민을 할 수도 있다. 국가가 사회 밖에 놓인 청년들을 위해 실업급여 적용 대상을 넓혀야 한다.

언제부터인가 취업을 위해 부모나 주위 사람의 도움을 받지 않고서는 좋은 일자리를 찾기 힘들어졌다. 그러나 그 몫은 개인이 아닌 국가의 몫이어야 한다. 기존 제도에서 '배제된 청년'에게 평등한 노동시장의 권리는 정책의 상상력에서 출발한다. 청년의 일자리 유입과 이탈 과정의 이행기 노동시장의 특성을 고려한다면 '소득'을 기준으로 사회보험 체계가 재설계되어야 한다. 고용보험료를 개인이 모두 부담하는 것이 일반적인 것도 아니다. 유럽에서는 국가에서 그 몫을 책임지기도 한다. 프랑스는 작년부터 고용보험료(2.4%)를 국가가 대신 맡고 있다. 4·15 총선에서 이런 의제가 진정으로 청년을 위한 공약 아닐까.

_ 2020. 2. 21

언제부터인가 취업을
위해 부모나 주위 사람의
도움을 받지 않고서는 좋은
일자리를 찾기 힘들어졌다.
그러나 그 몫은 개인이 아닌
국가의 몫이어야 한다.

자발적 이직 청년에게 더 필요한 실업급여

곧 새해다. 지난 1년은 '코로나19'와 싸우느라 어떻게 보냈는지 모르겠다. 모든 사람이 영향을 받았기에, 코로나19는 모두가 공유할 이야기도 있다. 특히 코로나19로 인한 노동시장의 전망은 밝지 않다. 매월 고용동향이 발표될 때마다 청년 고용은 더 악화되고 있다. 이 겨울이 지나면 고용한파가 더 매섭게 몰아칠 것이다.

2020년과 2021년 2월 졸업생들이 같은 일자리를 두고 경쟁하는 세상이 될 것이다. 이들에게는 인턴 기회조차 많지 않을 것 같다. 소위 '코로나 졸업반' 문제는 가까운 미래에 해결해야 할 시급한 과제다.

반대로 코로나19가 장기화되면서 직장을 잃는 청년도 늘어나고 있다. 그 누구도 예기치 못한 상황은 선택의 여지없이 일터를 떠날 수밖에 없었던 청년들에게 더 가혹했다. 밤샘 철야와 주말 출근 등으로 입사 후 공황장애와 우울증이 생겼다는 청년, 불과 3주 만에 프로젝트를 완성하라는 압박에 퇴사 의사를 밝히자 폭언과 욕설을 들었다는 청년까지, 그간 우리 사회가 놓치고 있던 청년노동의 현실이다. 낯선 이름 뒤에 가려져 노동이 인정받지 못하는 모습이다. 더 악화된 상황과 맞닥뜨릴 청년들의 문제에 대해 우리 모두가 답을 찾아야 한다.

소득지원 자격이 없는 청년들부터, 그저 자신이 받을 수 있는 정책과 지원이 무엇인지 알지 못한 청년, 부당대우에도 직장을 떠나지 못하는 청년, 당장 수입이 필요해 어쩔 수 없이 선택한 직장에서 새로운 출발을 모색하려는 청년까지, 생계 걱정이 노동시장 이동을 가로막고 있다. 불합리한 현실에서 벗어나 보람된 일터로 이동하려면 구직·실업급여가 절실하다. 사실 고용보험은 실업 예방 및 고용촉진과 직업훈련을 위해 모색된 제도다. 고용보험은 갑작스러운 위기 상황이 발생했을 때 빈곤층으로 전락하지 않도록 실업자들의 안전망 역할을 한다.

그러나 아르바이트나 비정규직처럼 고용보험 미가입 청년

이 생각보다 많다. 고용 안전망을 강화하더라도 고용보험 혜택을 받지 못하는 사각지대는 또 존재한다. 자발적 이직자는 실업급여 수급 자격이 제한된다. 이직 경험이 있는 청년의 약 75%는 자발적 사유다. 결국 청년들은 고용 안전망 사각지대에 놓여 있다고 봐야 한다. '고용보험법' 제58조(이직 사유에 따른 수급 자격 제한)에는 "중대한 귀책 사유로 해고되거나, 정당한 사유 없이 이직 혹은 전직자는 자격이 없는 것으로 규정"하고 있다. 물론 자발적 이직이라도 예외규정(시행령 101조 2항)에 따라 구직급여 수급이 가능한 경우도 있으나 예외규정 적용자는 거의 없다.

그래서일까? 최근 국회입법조사처에서도 고용보험 개편 필요성을 제시한 바 있다. 다른 나라도 다 그렇게 한다. OECD 37개국 중 자발적 퇴직자에게 자격 제한을 두는 나라는 13개국에 불과하다. 한국은 자발적 퇴직자의 구직급여 적용 제한이 가장 강한 나라다. 청년의 장기실업은 노동시장 이탈 가능성도 있기에 제도 개선이 필요하다. 때마침 청년기본법 시행 이후 청년정책 기본계획(2021~2025)이 발표되었다. 눈에 띄는 대목은 '모든 청년에게 고용보험을 적용하겠다'고 밝힌 일자리정책인데, "자발적 이직자의 실업급여 중장기 검토"라는 문구도 확인된다. 청년의 일할 권리와 사회보장이 핵심 정책으로 담긴 만큼 이제는 자발적 이직 청년들에게도 실업급여 적용을 논의할 시점이다.

청년들이 자기 적성에 맞는 일자리를 탐색할 수 있도록 기회와 시간을 제공하는 제도 설계가 불가능한 것은 아니다. 청년 생애 1회에 한해 수급액을 조금 감액하고, 덴마크(4주), 벨기에(9주), 독일(12주), 프랑스(16주)처럼 수급 자격 유예기간을 적용하면 큰 문제도 아니다. 재정문제는 사회적 합의가 필요하지만, 일자리안정자금의 10분의 1을 전용하는 방법도 생각해볼 수 있다. 기본계획은 끝이 아니라 시작이다.

_ 2020. 12. 25

고장 난 사회를 바꾸는 '청년유니온14'

청년유니온이 출발한 지 어느덧 10년이다. 1기부터 6기 집행부와 대의원들까지, 몇몇은 활동가로, 일부는 정부와 의회로, 다수는 각기 일터에서 생활하고 있다. 가끔 SNS를 통해 소식을 접하기도 한다. 지금이야 언론과 대외활동을 통해 청년유니온을 아는 이가 많지만, 10년 전 출발 당시에는 미래가 밝지 않았다. 2010년 3월 13일 청년유니온은 청년세대라면 직업이나 고용 형태와 관계없이 누구나 가입할 수 있는 세대별 노조를 표방하며 출범했다. 그러나 창립총회 이후 전국 단위 노동조합 설립 필증을 교부받는 데 1145일이 필요했다. '5전6기' 끝에 거둔 결실이다.

당시 노동조합 설립 신고서가 반려된 이유는 "구직자를 조합 가입 대상으로 한 것"이 문제였다. 청년유니온은 새로운 발상의 전환을 기획한다. '구직자 1인+취업자 1인'이라는 2인 노동조합 모델의 제안이다. 청년유니온1, 청년유니온2, 청년유니온3부터 청년유니온27까지 전국 지자체 27곳에 노동조합 설립 신고서를 제출한다는 전략을 기획했다. 모두 반려처분을 받았지만 청년유니온14가 제기한 행정소송이 서울행정법원에서 승소 판결을 받으면서 법내 노조의 길을 열게 되었다. 그 후 세대별 청년노동조합으로서 첫 노동조합 설립 신고필증(2012. 3. 14)을 서울시청이 발급했고, 서울시와 첫 사회적 교섭의 결실을 맺기까지 노조 설립 후 1053일이 걸렸다.

청년유니온 출범 당시에는 그 누구도 지난 10년의 궤적을 생각하지 못했다. '원두의 미래를 고민하다!'(커피 전문점 주휴수당), '가격을 매긴 이력서'(토익 어학시험 불공정 약관 시정), '따뜻한 피자보다 안전한 피자를'(30분 배달제 폐지), '레드카펫 뒤의 노동'(국제영화제 스태프 임금체불)과 같은 이슈로 노동문제를 고민했다. 편의점 최저임금 미지급 문제부터, 인턴 열정페이와 산학협력 현장실습까지, '원래 그런 것은 없다!'는 슬로건으로 청년유니온은 청년의 삶과 일터에 변화를 일으켰다. 모든 것이 처음이던 시절

용기 있는 행동들이었다. 청년유니온의 발자취는 노동운동이 놓친 사각지대를 촘촘하게 메워주었다.

2009년 4월 첫 모임 이후 창립 당시 60명이었던 조합원이 현재는 2048명에 달한다. 지난 10년간 노동상담 4174건, 언론보도 1만1369건, 기업의 체불임금 2건(11억 원) 해결 사례 등은 의미 있는 성과다. 전국 권역별 청년유니온 지부는 과도기적 노동문제부터 정치·경제·사회·문화 영역까지 다양한 활동을 해왔다. 특히 민달팽이유니온이나 청년연대은행 토닥과 밀접한 관계를 형성하면서 청년문제를 '취업과 실업'에서, '주거'와 '금융' 의제까지 확장시켰다. 청년의 삶이 더 나빠지지 않도록 하기 위한 최소한의 조치들에서, 이제는 더 나은 삶을 위한 대안을 모색하고 있다. 전국 200여 곳의 지자체에 청년기본조례가 만들어지고, 지난(2020) 8월 청년기본법이 시행되기까지 청년유니온의 역할이 매우 컸다. 최근에는 청년과 가까이, 현실 사례에 기반을 둔 노동교육과 상담·연구 활동을 위해 부설 센터도 설립했다.

사실 노동운동이라는 낯선 단어와 경직된 조직활동을 고집하지 않는 것은 청년유니온의 장점이다. 이것은 기존 노동운동과 다른 생경하고 신선한 노동조합 활동이다. '우리동네 소모임' '강강수월레 모임' '홍팔롱' '내일을 위한 보드게임' '가위손 TF' 등과 같은 일상적 소규모 조합원 모임은 세대별 특성이 반영된 청년노동운동의 모습이다. 청년유니온 10년은 전태일 50주기와 조우한다. 1970년 전태일이 외친 노동의 의미와 2020년 청년유니온이 맞이한 노동은 크게 다르지 않은 것 같다. 지난 10년 보수 정부 시기 여러 난관에도 잘 버텨왔다. '세상의 냉소를 넘어 우리가 만드는 다음'이라는 슬로건으로 출발한 청년유니온의 다음 10년. 좌충우돌하더라도 그들에게 지지를 보낸다.

_ 2020. 12. 4

'청년' 찾기 아닌,
공감과 참여의 시작

어느덧 '청년기본법'이 시행된 지 1년이 지났다. 2020년 8월 5일 시행된 이후 청년의 삶에는 어떤 변화가 있었을까? 지난 10년간 주요 언론사 24곳의 뉴스에서 '청년'을 키워드로 한 기사는 39만2865건, '청년정책'을 키워드로 한 기사는 4161건 검색된다. 2014년부터 언론에 청년이 본격적으로 등장했고, 청년정책은 2016년부터다. 서울, 광주, 경기를 비롯한 지역 청년정책 추진과, 청년 당사자들의 정책 거버넌스 참여 시점과 맞물린다. 사실 청년문제는 어제오늘의 일이 아니다. 지난 10년 사이 청년층의 주된 변화는 정책 대상의 변화다. 생산인구 감소에도 '취업 준비' '그냥 쉼' '심신장애' 청년이 증가했다. 졸업

후 취업 준비자와 같은 비경제활동인구가 증가한 것인데, 무려 147만 명이나 된다.

이런 의미에서 청년기본법 제정은 의미 있는 출발이다. 법에는 청년의 삶 실현, 청년의 참여 촉진, 평등한 기회 제공, 사회적·경제적 환경 마련 등의 내용이 담겨 있다. 이런 이유로 정부는 청년정책 기본계획(2020.12)과 시행계획(2021.3)을 발표한 바 있다. 일자리, 주거, 교육, 복지문화, 권리참여 5개 영역별로 중앙정부와 지방정부까지 포함해 총 1566개의 과제(26조 원)가 수립되었다. 정책 하나하나를 들여다보면 지난 1년의 성과와 의미를 확인할 수 있다. 무엇보다, 기존과 달리 정책 수립 과정에 청년 당사자가 참여한 것이 의미 있다. 취업·창업, 교육, 복지만이 아닌 일터 안전망과 권익 분야 18개 과제는 청년 당사자들의 요구 때문에 가능했다. 내일채움공제나 국민취업지원제도 확대, 마음건강과 고졸 청년 취업 지원이 새롭게 시작되거나 확대된 것도 청년의 목소리가 반영된 결과 중 하나다.

결국 핵심은 청년기본법에 조응하는 정책과 사업을 수립하는 것이며, 이는 국가와 지자체의 책무다. 이미 청년정책의 고민은 지역에서 실험적으로 시행되고 있다. 전국 지자체 90% 이상에서 조례 제정, 행정조직 설치, 정책 수립, 거버넌스 운영의 틀을 갖추어가고 있다.

그렇다고 청년기본법 시행 1년에 밝은 청사진만 있는 것은 아니다. 정책 심의·자문 위원회와 행정조직이 확대되었다고 '청년문제'가 모두 해결되는 것은 아니다. 특히 자산, 교육, 노동시장 불평등과 격차해소 문제는 구조적인 한계가 분명 있다. 빠른 산업구조 변화와 자본 편향적 기술발전은 청년세대를 더 경쟁으로 내몰 것이다.

따라서 청년정책은 근본적인 모색을 논의해야 할 시점이다. 이를 위해 전 부처에서 정책의 세대 인지적 향상을 위한 노력이 전제될 필요가 있다. 정부 부처 152개 위원회에 340명의 청년이 의사결정에 참여해 목소리를 제기하고 있지만 아직은 부족하다. 관료적 칸막이 행정을 넘어 의사결정 주체로서 청년의 정책 참여가 더 필요하다. 청년에게 '목소리를 내라'고 하기보다 정책 결정자들 스스로 '듣는 과정'에 익숙해지고 '공감'하는 것부터 시작해야 한다.

코로나19는 청년들에게 더 많은 충격을 가했다. 고용을 파괴해 소득손실을 가중시켰고, 학업과 교육훈련 같은 학습도 중단시켰으며, 노동시장에 진입하거나 이동하려는 사람까지 방해했다. 전환기 청년정책이 기존의 틀과 형식에서 벗어나지 못한다면 오래된 습관처럼 나열식 정책만 또 생산될 것이다. 정책은 무수히 많은데, 당사자들은 정책을 알지 못한다. 청년의 삶이 크게 개선되지 못한 이유가 여기에 있다.

새로운 상상력과 혁신은 무엇일까? 청년의 일자리는 기후변화에 대응하는 녹색 일자리로 돌파구를 열고, 부당한 일터의 현실에 구속받지 않는 자기 모색의 디딤돌은 자발적 실업급여와 개인활동 계좌제를 통해 그 가능성을 엿보는 것도 펜데믹 시대 상상력과 혁신의 예가 될 수 있을 것이다.

2020년에 핀란드는 청년정책 프로그램을 발표했다. 청년보장제, 민주적 사회 참여, 사회 신뢰 강화가 주요 내용인데, 우리에게 시사하는 바가 크다. 2022년 대선을 앞두고 여야 모두 청년을 호명하지만, 의존적 청년이 아닌 독립적 청년이 주체로 인정될 때 비로소 의미가 있을 것이다.

_ 2021. 8. 10

6

법은 멀고, 제도 변화는 느리고, 세상은 빨리 변한다

최저임금 1만 원, 인간다운 삶의 요구

지난주에 2018년 최저임금을 결정하는 법정 시한이 지났다. 최저임금위원회에서 노사 간 이견 차이를 좁히지 못했기 때문이다. 노동계는 1만 원을, 경영계는 6625원을 제시했다. 155원 인상(2.4%)된 금액이다. 그런데 정말 묻고 싶다. 경영계 대표들은 최저임금 6470원을 '괜찮은' 혹은 '적정한' 임금이라고 생각하는지? 최저임금이 어느 정도 작동하고 있는지도 의문이다.

2017년 '알바천국'에 올라온 아르바이트 108개 업종 모집공고 176만8000건을 분석했더니 평균 시급이 6990원이었다. 그나마 청년들이 쉽게 찾는 편의점(6562원)이나 PC방(6617원) 등

시급이 낮은 하위 10개 업종은 6641원에 그쳤다. 법정최저임금보다 고작 171원 많다. 인간다운 삶의 실현이 가능한 임금이 아니라, 가격으로서 시장에 맡겨진 임금이다. 그런데 청년 비정규직 59만9000명(31.8%)은 최저임금도 받지 못한 채 일하고 있다.

일하는 사람들의 3분의 1이 겨우 시급 7000원 이하를 받는 나라, 10명 중 1명은 몇 년째 최저임금도 못 받고 일하는 나라, 이게 정상적인 나라일까. 최저임금은 '인간다운 삶이 가능한 수준으로서 최소한의 임금'으로 정의된다. 그 때문에 최저임금은 일의 성격이나 가치를 고려하지 않은 임금, 그저 최저시급에 맞추어 일을 시키는 임금에서 벗어나야 한다.

그런데도 경영계는 PC방, 편의점, 주유소, 음식점, 경비는 저마다 일이 다르다며, 시급을 달리 정하자고 한다. 작년에는 지역별 차이를 두자고도 했다. 경영계 말대로 업종이나 지역별 최저임금을 따로 정하면 지역 간, 업종 간 임금 격차가 더 벌어진다. 올해는 소상공인들을 앞세워 "일자리가 줄어들 것"이라거나 "가게 망하게 생겼다"며 목소리를 높이고 있다. 국회 앞에서 릴레이 1위 시위도 시작했다. 대안 제시보다 반대만을 외친다. 최저임금이 현실화되어야 하는 이유를 같이 고민하면 좋겠다.

구글에서 검색해보니 'minimum wage(최저임금과 관련해)'

항목이 6억6500만 개(2021) 이상 나온다. 그만큼 최저임금은 보편적인 제도다. 1894년 뉴질랜드에서 시작된 이후 전 세계 대부분의 선진국에서 시행하고 있다. 우리나라는 1988년부터 실시하고 있는데, 무엇보다 최저임금은 우리나라 34개 법안의 기준이 되는 금액이다.

최저임금은 현재 저임금자들의 빈곤을 해소한다는 취지도 있지만 일하는 노동자들이 해고나 구조조정을 겪을 때 받는 실업급여의 지급 기준이 되기도 한다. 또한 최저임금은 청년 고용 및 장애인고용할당 미적용 사업장의 과태료 기준이 된다. 여성의 출산 및 육아휴직 급여의 기준이 최저임금이므로 모성보호 향상의 척도가 되기도 한다. 게다가 임금에 비례해 국민연금이 부가되니, 65세 이후 노후 빈곤을 예방하는 금액이기도 하다.

문재인 대통령이 오는 2020년까지 시간당 최저임금을 1만 원까지 올리겠다고 공약한 만큼, 쟁점은 '내년도 최저임금을 얼마까지 올릴 것인가'가 쟁점이다. 대통령의 공약대로라면 앞으로 3년 동안 15.7% 올라야 한다. 작년(2016) 5월 서울시가 시민 1000명을 대상으로 조사한 자료를 보면 76.2%는 최저임금이 낮다고 응답했다. 다만 최저임금 향상으로 어려움을 겪을 수 있는 영세자영업자나 소상공인의 대책도 같이 수립할 필요가 있다.

여러 가지 방법이 있을 수 있다. 재벌 대기업 프랜차이즈 가맹점의 수수료를 낮추거나 리모델링 비용을 분담하면 어떨까? 그 밖의 5인 미만 개인사업체는 인건비 지원을 검토하면 어떨까? 지난 10년간 최저임금 평균 상승률 이상의 추가 인상분만큼 정도는 가능할 것이다. 30인 미만 영세사업체에는 건물 임대료, 사회보험, 세무 컨설팅, 지방세 인하 등 포괄적인 간접 지원을 해주면 어떨까? 만약 최저임금 인상으로 폐업이 확인된 경우, 노동자들과 동일하게 '자영업자 실업급여제도'를 도입하면 어떨까?

매번 현실 가능한 제도만 고민할 수는 없다. 이제 우리도 인간다운 삶, 즉 안정된 생활을 위해 필요하다고 인정하는 수준just pay에서 최저임금이 논의되어야 한다. 최저임금 1만 원 논의는 우리 사회에서 보편적 인권을 향유할 정도의 적정한 임금을 설정하고, 인간의 존엄성을 보장하는 제도로 자리매김시키는 데 초점을 맞춰야 할 것이다.

_ 2017. 7. 1

최저임금 인상에도
경비원 대량 해고는 없었다

2018년 새해를 맞이하면서 최저임금 인상이 언론 지면을 장식했다. 초기에는 기업의 부담이 커진다고 언론을 통해 제시되더니, 최근에는 일부 아파트 경비원 해고 사례를 앞세워 최저임금 인상으로 "일자리가 줄어들 것"이라거나 "가게 망하게 생겼다"며 목소리를 높이고 있다.

이런 부작용을 방지하고자 정부는 최저임금 인상으로 어려움을 겪을 수 있는 영세자영업자를 위해 2조7000억 원의 일자리안정자금을 마련했다. 물론 제도적 사각지대가 존재하기는 한다.

그렇다면 경영계나 보수 언론의 주장처럼 최저임금 인상으로 인한 일자리 감소는 전반적인 현상일까? 통계청 고용동향을 보면 최저임금이 인상되었어도 예년 수준에서 크게 벗어나지 않았다. 더 지켜볼 필요가 있지만, '최저임금을 크게 올려 고용이 움츠러들 것'이라는 일각의 예상과 차이를 보이는 결과다. 특히 최저임금 인상과 직접 관련 있는 아파트 경비원 일자리는 크게 줄지 않았다.

일자리 변동 여부는 서울지역 4256개 공동주택 아파트 경비 전수조사 결과에서 확인할 수 있다.

최근 서울시는 최저임금 인상이 일자리에 어떤 영향을 미쳤는지 파악하고자 긴급 실태조사를 했다. 조사 대상 4256개 아파트에서 305명이 감소했다. 171개 단지에서 감원이 발생했지만, 우려했던 대량 해고는 없었다. 5명 이상 해고한 12개 단지를 제외하면 일부 특수한 상황들이 언론에 의해 과잉 대표되었다. 94.1%의 아파트는 고용을 유지했다. 오히려 전년 대비 경비 인력이 증가한 곳도 23개 단지나 된다. 공동주택 가운데 67%가 정부의 일자리안정자금을 신청했으니, 정부 대책이 도움이 된 것으로 볼 수 있다. 올해 경비원 임금 인상액 13만5000원은 일자리안정자금과 거의 같은 수준이었다.

물론 최저임금 인상 후 경비원의 무급 휴게시간이 38.9분 증가하고, 유급 근무시간이 28.2분 감소한 꼼수도 확인된다. 아파트 경비원의 71.8%가 외주계약 형태다 보니, 비용감소 방법으로 휴게시간 늘리기를 선택한 것이다. 동네 아파트 경비실 창문 밖에 붙은 휴게시간을 보니 하루 세 번이었다. 24시간 근무 중 점심(낮 12~오후 2시), 저녁(오후 6~8시), 야간(오후 11~오전 5시)은 휴식시간과 순찰시간이었다. 일터에 24시간 체류하지만, 급여로 보상받는 것은 14시간에 불과하고 10시간은 보상받지 못한다. 하루 24시간 직장에 나와 일하는데, 월급은 175만1000원이 고작이다. 법정최저임금이 경비 노동자의 임금인 것이다.

사실 아파트 '경비' 업무는 전체 일의 5분의 1에 불과하다. 오히려 청소, 택배 관리, 분리수거, 주차관리 등의 일이 더 많다. 그럼에도 아파트 경비원의 노동환경 개선은 더딘 편이다. 연차휴가조차 없는 곳, 명절 연휴에 하루도 쉴 수 없는 삶, 병가조차 쉽게 이야기를 꺼내지 못하는 일터, 이것이 바로 아파트 경비 노동자의 현실이다. 아파트 경비원 10명 중 9명은 24시간 격일제 근무인데, 3교대 근무로의 전환이 모색되어야 한다. 60세 이상 고령층이 대부분인 현실을 고려하면 과로 위험도 있다. 일과 삶의 균형을 위해 '24시간 격일제' 근무 시스템을 꼭 개선해야 한다.

무엇보다 취약 업종의 고용안정을 위해 국회와 정부 그리고 지자체의 역할이 필요하다. 예를 들면 고용안정 아파트에 시설 환경 지원이나 주민세 일부 감면 등도 검토해볼 수 있다. 또한 지자체 시설관리공단에서 경비를 고용해, 각 아파트 단지로 파견하는 공공고용 모델도 고민해볼 수 있다. 물론 아파트 형광등을 LED로 바꾸거나, 급수펌프를 고효율 장치로 교체하는 등 공동 비용을 절약하는 방법도 있다.

입주민과 경비원이 함께 상생하는 대안적 노력은 작은 실천으로도 충분히 가능하다. ILO에서는 최저임금 인상이 경제성장의 밑거름이 된다는 보고서를 제출한 바 있다.

다소 힘들더라도 최저임금은 인간의 존엄성을 보장하는 제도로 자리매김해야 한다.

_ 2018. 3. 16

인간다운 삶의 모색, 생활임금 더 확대해야

버버리, 네슬레, 구글, IBM. 모두 유명한 글로벌 기업이다. 서점에 가면 이들 기업의 성공 사례 책들도 볼 수 있다. 영국에 여행 간다고 하면 '버버리Burberry' 옷을 사달라던 시절도 있었다. 시간이 지나 이제는 우리에게 친숙한 브랜드가 되었다. 물론 가격은 만만치 않다. 그런데 최근 이 회사 직원의 임금을 보면서 다른 생각이 들었다. 올해 직원 시급이 9.75파운드(약 1만4294원)라고 한다. 바로 영국 런던의 생활임금재단이 정한 임금을 지급하고 있는 것이다.

지난 몇 년 동안 '생활임금'은 '기본소득'과 함께 주요 정책 의제였다. 우리나라에서는 생활임금의 인지도가 낮다. 아직은 시청이나 구청의 저임금 비정규직에만 적용되다 보니 아는 이가 많지 않다.

인터넷 구글에서 검색하면 'living wage(생활임금)' 관련 내용은 4억3100만 개(2021), 'minimum wage(최저임금)'는 6억6500만 개(2021) 정도 나온다. 그만큼 최저임금에 비해 생활임금은 낯설다. 생활임금은 1994년 미국 볼티모어에서 처음 시작되었고, 영국은 2005년 런던에서 도입했다. 미국, 영국, 캐나다에서는 최저임금 못지않게 생활임금에 대한 논의가 무척 활발하다. '생활임금계산기'라는 사이트를 통해 지역별 상황과 수치도 공유한다.

생활임금은 '인간다운 삶이 가능한 수준으로서 임금' 혹은 '기본적인 욕구를 포함해 최소한으로 필요한 임금' 정도로 정의된다. 생활임금이 처음 시작된 미국이나 영국을 보면, 그 역사적 배경은 19세기 후반으로 거슬러 올라간다. 산업화 초기 생활임금은 노동자들의 인간적 존엄을 지키는 방안 중 하나로 제시되었다. 저임금에 매력을 느낀 사용자들이 여성과 아동에게 12시간 이상 일을 시켜도 괜찮을 때였다. 그래서 생활임금은 "그 사회에 어떤 임금이 필요한가?"라는 근본적인 물음을 던진다. 당시 생활임금은 가격으로서 시장에 맡겨진 임금이 아니라, 인간다운 삶의 실현이 가능한 임금이었다.

우리나라에서도 2013년부터 생활임금 조례가 만들어져 현재 102곳에 제정돼 있다. 하지만 88곳에서만 시행되고 있다. 문제는 자치단체장의 정치적 성향에 따라 도입되지 않은 곳이 더 많다는 점이다. 영남지역에서는 생활임금을 시행하는 곳이 단 한 군데도 없다.

그나마 생활임금 적용 대상도 서울을 제외하면 지자체 소속 노동자에 한정된다. 규모도 크지 않다. 생활임금 산정 기준도 지역별로 차이가 있다. 대부분 기본급, 식비, 교통비를 산정 기준으로 하지만 명확한 기준이 없다. 적용 범위를 민간위탁이나 공공조달 업체로 확대해야 하는데 규정과 예산 걱정을 먼저 한다. 사실 재정을 걱정하면 할 수 있는 정책이 하나도 없다.

생활임금은 일의 성격이나 가치를 고려하지 않은 임금, 그저 최저시급에 맞춰 일을 시키는 임금에서 벗어나자는 취지를 담고 있다. 그렇기에 생활임금의 목적은 명확하다. 저임금 노동자의 임금수준을 향상시켜 빈곤을 줄이는 것이다. 그렇다면 인간다운 삶, 즉 안정된 생활을 위해 필요하다고 인정하는 임금은 어느 정도일까? 현재(2017) 지자체 생활임금은 평균 7623원(월 158만7000원)이다. 곧 대부분의 지자체가 내년도 생활임금을 결정한다. 2018년 최저임금이 7530원으로 결정되면서 지자체도 고민이 많다고 한다.

정부가 2020년까지 최저임금 1만 원 시대를 밝혔으니, 이제 생활임금은 어떤 목표를 가져야 할지 함께 고민할 시기다. 현재 생활임금을 시행하는 곳은 임금불평등이 심각한 국가들이다. 미국보다 늦게 출발한 영국은 3249개 기업이 생활임금 지급에 참여하고 있다. 매년 가을이면 1주일 동안 생활임금 주간을 지정하고 인증제도 시행한다. 영국에서 대학과 병원 그리고 민간 기업에까지 생활임금이 확대되고 있는 것은 유의미한 시사점을 준다. 이제 우리의 생활임금제도도 새로운 모색을 해야 한다. 낮은 최저임금을 견인하기 위해 적용 범위를 '확장'시켜나갈 필요가 있다.

_ 2017. 8. 18

노동시간, 너무 길거나 너무 짧거나

"안녕하세요. ○○택배 배송원 ○○○입니다. 고객님의 택배('경비실')가 '22시 28분'에 배송되었습니다. 소중한 상품을 찾아가주시면 감사하겠습니다." 지난달 코로나19에 명절 특수까지 겹쳐 물량이 늘어나는 바람에 늦은 시간까지 일하던 택배기사님이 보낸 문자다. 아마도 아침 7시에 시작한 일이 밤 11시가 넘어 끝났을 것이다. 끼니도 거른 채 하루 14시간 가깝게 일하는 상황이니, "힘들어 죽겠다!"는 말이 저절로 나올 것이다. 로켓 배송이나 크런치 모드와 같은 직업 특성이 반영된 업계 용어도 이제 낯설지 않다.

오랜 숙제처럼, 저임금 영세사업장은 장시간 노동이 발생하는 곳이다. 특수고용과 플랫폼 노동자들은 한 건, 한 건이 소득과 연결되다 보니 장시간 노동에서 벗어나지 못한다. 우울·불안장애나 스트레스 등 만성적 질환을 앓고 있음에도 병원조차 가지 못한다. 그만큼 장시간 노동은 우리의 삶을 위협하고 있다. IT 게임, 영화방송, 물류배송배달, 방문판매, 설치 수리, 웹 디자인, 경비 업무는 지난 몇 년 사이 과로사가 나타난 직업들이다. 1주일 52시간 이상 상한제가 시행되고 있지만, 아직도 141만 명이 장시간 노동에 놓여 있다.

장시간 노동의 그늘에 가려 잘 드러나지 않는 초단시간 고용도 심각한 상황이다. 커피 전문점, 멀티플렉스 극장, 패스트푸드점 아르바이트부터 도서관 사서, 학교 예술강사, 초등돌봄, 아이돌봄 업무까지, 사회 곳곳에서 초단시간 고용계약이 이루어진다. 초단시간 노동자는 '4주 동안의 근로시간이 평균적으로 1주 15시간 미만' 일하는 사람을 의미하는데, 무려 335만 명이나 된다. 문제는 지난 10년 사이 3배 가까이 증가했다는 점이다. 정부의 재정지원 일자리 사업이 확대되면서 공공행정과 보건복지 분야 초단시간 노동자가 55만 명이나 된다.

기업으로선 적절한 수요와 공급에 맞춘 탄력적이고 유연한 고용이 매력적일 것이다. 주휴수당은 물론이고 사회보험을 적용하지 않아도 되니 비용절감 효과도 있다. 그러나 초단시간 고용의 확산이 부정성을 해결하지 않을 경우 고용의 질 하락을 막을 수 없다. 이미 고용보험이나 유급휴가 그리고 교육훈련 등을 적용받지 못하는 초단시간 노동자가 10명 중 7명이다. 보호받아야 할 취약 노동자들이 사회적 배제와 차별을 받고 있는 것이다. 일하는 시민이라면 누구나 최소한 사회보험과 휴일 휴가 등을 적용받아야 한다.

그럼에도 일부 논자들은 더 많은 일자리와, 일과 삶의 균형이 가능한 시간제 확대를 강조한다. 정말 그럴까? 초단시간 노동자는 여성(68만9000명), 청년(21만4000명), 고령(53만2명), 이혼·사별(27만7000명), 중졸(41만2000명), 저임금(59만 명)과 같은 사회적 약자에게 집중되어 있다. 소득향상은 매년 법정최저임금에 기댈 수밖에 없다. 사회안전망은 생각해본 적도 없다고 한다. 한 곳에서 "명함을 받고, 처음으로 소속감을 느꼈다!"는 말에 안쓰러움과 미안함이 교차했다. 이미 파편화되고 불평등한 노동시간은 취약층에 집중된 지 오래다.

정책은 상상력이다. '택배 없는 날' '동네 편의점 하루 쉬기' '대형 마트 주1회 의무휴점제'와 같은 아이디어가 대표적이다. 어떻게 해야 인간다운 삶이 가능한 노동이 실현될까? '과로사방지법'과 '최소생활노동시간제' 같은 사회계약을 논의하는 것은 어떨까? 장시간 노동의 기준을 48시간으로, 법정노동시간을 35시간으로 재설계하는 것은 어떨까? 주당 최소 15시간 계약을 보장하는 '최소생활노동시간Living Hours'과 같은 새로운 규칙은 어떨까?

포스트 코로나의 과제는 시간의 재구성을 통한 삶의 방식을 바꾸는 것이다. 불평등한 시간을 평등한 시간으로 바꾸는 것, 바로 '시간의 정치'가 그 시작일 수 있다.

_ 2020. 10. 9

포스트 코로나의 과제는
시간의 재구성을 통한 삶의
방식을 바꾸는 것이다.
불평등한 시간을 평등한
시간으로 바꾸는 것, 바로
'시간의 정치'가 그 시작일
수 있다.

비정규직의 바다, 평등한 사회적 보호가 필요하다

아침에 출근하다 보면 거리에서 다양한 시민을 접한다. 그렇다면 보통 직장인이 하루 동안 만나는 비정규직은 얼마나 될까? 출근길에 집을 나서며 제일 먼저 만나는 아파트 경비원은 파견 노동자다. 자주 들르는 사무실 근처 커피점과 편의점에서 일하는 사람도 파트타임 노동자다. 사무실 건물 청소원은 용역 노동자다. 사무직도 상황이 다르지 않다. 주위 건물에서 매일 아침 만나는 얼굴은 2년 계약직이거나 파견업체 소속 노동자가 대부분이다. 그야말로 사회 전체가 비정규직의 바다와 같다.

IMF 외환위기 이후 우리 사회에서는 노동시장에서 정규직인가 비정규직인가의 문제가 주된 관심사였다. 학교를 졸업하고 비정규직으로 일하는 순간 '차별'과 '불평등'을 경험하기 때문이다. 직장에서 정규직과 동일하거나 유사한 업무를 수행하면서도 기본급, 성과급, 사내 복지, 교육연수 모두 차이가 있다. 비품, 사원증, 동호회 활동은 물론이고 구내식당이나 커피점, 휴게실과 셔틀버스 이용까지 일터에서의 차별은 한두 가지가 아니다. 아직도 계약직 직원에게는 명함조차 지급하지 않는 곳을 쉽게 찾아볼 수 있다.

이런 이유로 비정규직의 고용불안과 차별 해소를 위한 다양한 논의가 진행되었다. 비정규직 문제 제기 10년, 법제도 시행 10년이 흘렀다. 그렇다면 과연 우리 사회는 지난 20년 사이 어떤 변화가 있었을까? 취업자(2690만 명) 중 전통적인 비정규직(821만 명)은 어느 정도 통계에 포착된다. 우리에게 익숙한 시간제 파트타임은 2배 이상 증가했고, 파견용역 간접고용 비정규직도 증가했다. 그러나 최근 일부 조사에서도 확인되듯 특수고용노동자 240만 명, 플랫폼 노동자 53만 명, 1인 자영업자 403만 명이 더 큰 문제다.

꼼꼼히 살펴봐야겠지만 이들 가운데 다수는 20대와 50대 이상이다. 또한 일부를 제외하면 일하는 형태나 작업 과정의 차이도 별로 없다. 숙련도가 높은 전문적인 일자리보다는 단순 반복적인 일자리가 많아 기술 발전 과정에서 자동화나 인공지능AI으로 대체될 개연성도 높다. 일의 자율성은 물론 사회적 안전망도 보장받지 못한다. 이처럼 일자리 변화는 기업의 비즈니스 모델에서 근원을 찾을 수 있다. 기업들은 과거의 비즈니스 모델을 버리고 새로운 모델을 과감히 구축하고 있다. 대표적인 것이 프랜차이즈와 디지털 플랫폼이다.

ILO는 이와 같은 일자리를 '보호가 필요한 고용'으로 규정하고 다양한 논의를 시작한 지 오래다. 전 세계적으로 산업구조나 기술발전 과정에서 미래의 일은 우리에게 새로운 기회일지 모른다. 일과 삶의 균형이 가능한 일자리를 제공하기도 하고, 자율성이 높은 직업이 출현할 수도 있다. 그러나 모호한 고용관계 속에서 근로기준법이나 사회보험을 적용받지 못한다는 점은 우리 사회가 해결해야 할 숙제다. 고용안전망은 노동시장에서 사회적 보호의 한 수단이기에 ILO에서도 비고용 기간 중 소득 보장을 위한 보편적 정책을 권고하고 있다.

2018년부터 덴마크와 프랑스는 사회보험 사각지대 해소와 교육훈련 강화 등을 통해 새로운 해법을 모색하고 있다. 주요 내용은 자발적 이·퇴직자, 단기 계약직, 자영업자에게도 실업급여를 제공하는 것이다. 그 밖에 재고용 지원수당이나 재취업 교육수당(20.81유로), 직업훈련 기간 중 다양한 혜택(직업훈련 계좌, 개인 휴가)을 꼽을 수 있다. 물론 26세 미만 청년 고용이나 계약직의 정규직 전환 시 기업에 고용보험료 감면 혜택도 병행하고 있다. 게다가 비정규직이나 장애인, 예술인 등에게는 별도의 보충적 혜택을 제공한다. 이제 우리도 변화하는 환경에 조응하면서 서로가 공존할 방안을 모색할 시점이 되었다. 사회구성원 누구나 재충전할 권리는 필요하기 때문이다.

_ 2019. 9. 27

코로나19 위기 극복, 보편적 사회보호제도를 요구한다

엊그제 발표된 5월 고용동향은 '코로나 고용 충격'을 다시 확인하게 했다. 통계 발표 이후 실업자와 실업률 모두 최악의 상황이다. 지난 1주일 사이 특수고용·프리랜서 대상 긴급생활안정지원금에 33만 명이 몰렸다고 한다. 코로나19 발병 이후 일을 중단한 사람은 대부분 청년과 여성 그리고 임시 일용직 등 취약층이다. 이들 모두 적절한 사회적 보호를 받지 못해 일자리와 생계를 잃었다.

이미 우리는 콜센터, 쿠팡과 같은 사례에서 민낯을 보았다. 바이러스는 우리 사회에서 가장 약한 고리만을 찾아간 것을 확인했다. 이들 모두 작업 공간이 밀폐되고, 작업 비품조차 제대로 지급되지 않는 곳이다. 건강과 안전이 보호되지 않는 일터에 속한 사람들은 더욱 위험을 감수하면서 일한다. 게다가 올해 상반기 내내 제대로 된 일자리도 소득도 없이 하루하루 버티고 있다. 아프면 쉬라고 하지만, 그날 벌어 그날 생활하는 사람들에게는 무의미한 정책일 수밖에 없다.

'코로나19'라는 유령 같은 녀석 때문에 주위 모든 일상이 바뀌었다. 만약 현재 상황이 장기화될 경우 1998년 'IMF 세대' 이후, '코로나19 세대'로 불릴 것 같다. 학업도, 일자리도, 삶도 모두 통째로 잃어버린 세대들이다. '코로나 블루'라고 하던가? 물리적 거리 두기 등이 장기화되면서 나타난 신조어다. 코로나19 확산으로 집에 갇혀 지내면서 사회적 고립감이 커져 우울감이나 무기력증으로 이어지는 현상을 일컫는 말이다. 특히 고용과 실업, 경기위축 심화와 맞물려 그 상처가 더 클 것 같다. 코로나19로 일을 잠시 멈추고, 아프면 며칠 집에서 쉬어야 하는 상황은 맞다.

이미 코로나19로 주위 많은 사람이 치명적인 상처를 입었다. 임시·일용직이나 특수고용 노동자들은 본인이나 가족이 병원에 가거나 돌보려면 일을 포기해야 한다. 그때 소득 상실은 당연히 자신의 몫이다. 그래서 몸이 아파도 직장에 나갈 수밖에 없다. 학교에서 받는 '개근상', 직장에서 주는 '정근상'을 다른 무엇보다 표준으로 여기던 시절이 있었다. 비정상이 정상으로 여겨지던 전근대적인 국가의 모습이다. 집단 감염이 발생한 곳 대부분은 임금이 낮고 노동조건이 열악하며, 유급휴가나 병가 등이 없다.

우선 고용보험 확대를 시작으로, 유급병가 및 가족·부모돌봄휴가와 같은 보편적인 사회적 보호를 수립해야 한다. 사회적 약자와 경제적 취약층에게는 더 절실한 제도들이다. 서울시가 실시하는 취약층을 대상으로 한 유급병가나 청년수당은 그래서 더 의미가 있다. 지난(2020) 3월 코로나19로 '알바 잃은 청년 긴급수당' 신청자의 사연이 아직도 잊히지 않는다. 수개월 준비한 공연이 취소되어 소득이 없어진 배우와 스태프부터, 아르바이트와 일감이 끊긴 프리랜서 청년까지, 모두 청년긴급수당(월 50만 원, 2회) 신청 사유로 "월세와 통신비를 내야 하기 때문" "교통비나 생활비 부족" 등을 적었다. "아껴 쓰겠으니, 꼭 선정해주세요!"라는 글귀를 읽으며 가슴 한쪽이 아리고 막막했다.

코로나19는 이들에게 세 번의 충격을 가했다. 고용을 파괴해 소득손실을 가중시켰고, 학업과 교육훈련 같은 학습도 중단시켰다. 노동시장에 진입하거나 일자리를 옮기려는 사람까지 방해했다. 위기는 기존의 불평등을 더욱 심화시킨다. 코로나19로부터 신속하게 회복하리라는 전망은 그리 밝지 않지만, 우리의 지향점은 명확하다. 최근 ILO는 위기 극복 과제로 사회적 보호와 불평등 해소를 꼽았다. 만약 그 해법에 다른 생각을 갖고 있는 사람이 있다면, 그 견해가 무엇인지 궁금하다.

_ 2020. 6. 12

사회적 대화 결핍에서 벗어나기

최저임금 인상을 둘러싼 사회적 논란이 좀처럼 가라앉지 않고 있다. 언론 기사들은 최저임금 인상으로 인한 일자리 감소의 심각성을 언급하고, 방송은 영세자영업자의 생존과 존폐 문제를 이야기하고 있다. 노사 모두 최저임금 결과에 만족하지 못하는 것 같다. 경영계는 최저임금위원회 회의에 불참하고, 10.9% 인상이 부당하다며 정부에 이의제기까지 했다. 노동계 또한 정기상여금과 복리후생비가 포함되자 '사회적 대화'에 참가하지 않겠다고 한 바 있다. 이렇듯 최저임금 논의 과정은 저신뢰 사회의 단면을 보여준다.

한 학자의 말을 빌리면, "인간은 다른 사람과 협력하는 것을 즐긴다". 그렇게 해서 얻는 것이 없는데도 말이다. 사실 협력이란 타인과 함께 상호 이득이 되는 활동에 참가하는 것을 의미한다. 그런데 최저임금 논의는 노사 간 이해관계가 치열하게 대립한다. 이 때문에 국가는 공동의 과제일수록 이해당사자가 참여한 거버넌스를 통해 결정해왔다. 특히 노·사·정 3자가 논의하는 사회적 대화 기구는 서로의 이해관계를 조율하는 창구가 된다. 이 때문에 논의 의제로는 포괄적이고 거시적인 정책들이 거론된다.

사회적 대화 기구는 최선의 대안적 사회까지는 아니더라도, 존재하는 자본주의 내에서 최적의 규칙을 만들 수 있다. 독일은 2002년 사회적 대화에서 직업훈련을 받지 않은 청년 실업자 문제, 초과노동 축소, 공공부문의 비정규직 제한, 신기술과 혁신지원을 위한 사회투자 등을 논의했다. 우리나라는 1997년 IMF 외환위기를 극복하고자 대통령 직속 자문기구인 노사정위원회가 출범해, 노·사·정 대표가 사회적 협약을 체결했다(1998. 2. 6). 벌써 20년 전 일이다.

하지만 지난 20년 동안 우리 사회는 사회 불평등과 양극화가 더 심각해졌다. 무엇보다 산업 구조조정과 비정규직 고용 등 노동시장이 악화되었기 때문이다. 그 누구도 당시 상황을 벗어나기 위한 뚜렷한 해법을 갖고 있지 못했다. 지금 생각해도 아쉬움이 많다. 물론 출산휴가 확대나 교원과 공무원의 단결권 보장 같은 노동기본권이 한 단계 신장된 시점이기도 하다. 그나마 의미 있는 논의는 주 5일제 시행과 같은 노동시간 단축 합의였다. 시간이 흘러 올해(2018) 7월 조직 명칭이 경제사회노동위원회로 바뀌었다.

언제부터인가 기업 내 권고사직과 희망퇴직이 일상화되었다. 일터에서 쫓겨난 사람들은 치킨집, 피자집, 편의점 등의 사장이 되어 있었다. 그나마 살아남은 자들은 가족과 개인의 삶을 유지하는 것이 최선의 선택이었다. 이 때문에 회사의 '갑질'과 같은 비인권적 억압에도 아무런 목소리를 내지 못한 채 버티고 있었던 것이다. 그러니 우리 사회에서 협력적 이타주의 모습을 찾기가 어려운지도 모른다.

과거 보수 정부 시기에는 정부와 기업이 한편이 되어 노동자들을 억압하는 조건을 형성하는 데 사회적 대화 기구를 활용했다. 그래서 사회적 대화 공간은 '기울어진 운동장'으로 불리기도 한다. 이런 이유로 노사 모두 사회적 대화에 회의적인 시각이 적지 않다. 충격적인 사실은 대통령 직속 자문기구인 경제사회노동위원회의 인력이 파견 공무원(11명)을 제외하면 전문인력 12명과 지원인력 9명에 불과하다는 것이다. 1년 예산도 41억 원(사업비 33억 원) 남짓이라고 한다. 이런 조건에서 미래 노동 의제들까지 논의된다고 하니 그 자체가 신기할 따름이다.

그렇다면 우리 사회에서 이타적 협력을 지속시키는 사회적 대화 모델은 어떻게 해야 가능할까?

무엇보다 정부가 지속 가능한 게임의 룰을 만들고, 이해당사자들에게 참여 동기를 제공할 필요가 있다. 중앙과 지역의 협력적인 노사정 대화의 틀을 적극적으로 모색하는 것도 방법이다. 때로는 분권적·사회적 대화가 강한 제도적 상호 의존성을 발현시킬지도 모른다. 어쩌면 취약 노동자의 사회적 보호 접근성을 높이고, 노동시장에서 빈곤과 불안정의 덫 그리고 불편한 노동에서 벗어나는 것을 논의 의제로 시작하는 것이 해법이 될 수도 있다.

_ 2018. 8. 3

전태일 50주기와 조우한 민주노총의 길

많은 사람이 코로나19 사태가 가져온 새로운 일상을 준비하고 있다. 그러나 노동운동은 아직 새로운 일상이 낯선 것 같다. 지난달 민주노총 위원장을 비롯한 9기 지도부가 사퇴했다. '코로나19 위기 극복을 위한 노사정 합의안'이 대의원대회에서 부결되었기 때문이다. 대의원의 3분의 2가 반대(61.4%, 805명)한 결과다. 2년 전 사회적 대화를 공약으로 내세운 김명환 후보는 조합원 66%의 지지를 받아 위원장으로 당선되었다.

노사정 합의안 부결은 민주노총만이 아니라 우리 사회에 많은 숙제를 던져준다. 무엇보다 '코로나19 원 포인트 사회적 대화'는 지난(2020) 4월 민주노총이 제안한 방식이다. 기존의 사회적 대화 기구가 '기울어진 운동장'이라는 이유로 별도의 논의 틀을 요구했다. 1998년과 2005년에 추진된 사회적 대화의 아픈 기억에서 벗어나려 했기 때문이다. 그러나 두 차례 트라우마 때문일까. 사회적 대화 부결과 지도부 사퇴, 비상대책위원회 구성은 예정된 시나리오처럼 진행되고 있다.

사회적 대화 참여를 반대한 이유는 '절차'와 '내용'으로 모아진다. 가장 강력한 반대 이유로는 합의안의 내용 부실을 꼽고 있다. 코로나19 시기 총고용 유지와 해고 금지 등의 문구가 빠져 있고, 영세사업장 소득 보장, 고용보험, 상병수당 등이 요구안에 비해 미흡하기 때문이다. 협약안은 총 5개의 장에 22개 조항과 이행 점검 및 후속 논의로 구성되어 있다. 충분할 만큼 만족스럽지 못한 것이 사실이다. 그나마 민주노총이 개입해 우호적인 내용으로 도출한 것도 많다. 후속 과정에서 정책을 구체화하고 집행 과정을 감독하는 것도 필요하다.

다른 한편에서는 사회적 대화 추진 과정에서 현장과의 공론화 부재를 문제점으로 꼽고 있다. 지도부가 조직 내부에서 구성원들과 활발하게 소통하지 않았다는 것이다. 민감한 사안일수록 설득 과정이 더 필요하다는 이유에서다.

맞는 말이다. 그러나 노사정 합의안 찬반 공개토론회(7월 21일)에 반대 측 토론자가 아무도 참석하지 않은 것은 모순적인 태도다. 주위 몇몇 활동가에게 물어보니 이렇게 답한다. "그저 가슴이 답답하다. 냉정하게 돌아보고 다시 시작한다는 마음을 먹는 수밖에…."

일부 논자는 대부분 정부가 해야 할 일이지, 애써 민주노총이 참여해 합의할 이유를 찾지 못하겠다는 의견도 제시한다. 그러나 코로나19의 충격은 1998년 외환위기나 2008년 글로벌 금융위기보다 심각하다. ILO도 코로나19 시기 사회적 보호와 불평등 해결을 위해 사회적 대화를 강조하고 있다. 사회적 대화는 국가의 정책 결정 과정에 사회 주체들이 참여하는 방식 중 하나다. 노동조합이 '적대적 비참여'만 고집한다면 노조 밖의 노동문제를 해결하기는 쉽지 않다.

50년 전, 전태일의 현실은 현재진행형이라는 점을 잊으면 안 된다. "근로기준법을 지켜라. 우리는 기계가 아니다!"라는 외침이 코로나19 시기 곳곳에서 확인된다. 하루 16시간의 작업 시간을 단축해달라는 것, 굶주림과 어려운 현실에서 인간으로서 최소한의 요구라는 것, 바로 1970년 청년 전태일이 대통령에게 보낸 편지의 한 구절이다.

100만 조합원으로 구성된 민주노총은 제1노총의 위상을 갖는다. 그만큼 사회적 책임도 크다. 올해 민주노총 출범 25주년과 전태일 50주기를 맞아 민주노총은 '전태일 3법'을 제시했다. 5인 미만 근로기준법 전면 적용, 특수고용 노동 3권 보장, 중대재해 기업처벌법이 그 내용이다. 모두 의미 있고 꼭 필요한 법이다. 밖에서는 민주노총에 대한 걱정이 많은데, 정작 내부에서는 어떤 상념을 갖고 있는지 궁금하다. 과연 민주노총은 어떤 길을 갈 것인가?

_ 2020. 8. 7

3시간마다 노동자가 목숨을 잃는 나라의 중대재해기업처벌법

'위험의 외주화'라는 이야기가 나온 지 어느덧 10년이다. '그 쇳물 쓰지 마라!'라는 노랫말이 만들어진 이후 2016년 구의역부터 2019년 태안화력발전소까지, 하청 노동자의 산재 사망 소식이 끊이지 않는다. '산재 공화국'이라는 오명에서 확인할 수 있듯이, OECD 산업재해 만인율(3.61%)에서도 우리나라는 수년째 상위권에 있다. '한눈에 보는 산재 통계'라고나 할까.

전체 재해자 10만9242명, 사고 재해자 9만4047명, 업무상 질병자 1만5195명, 사망자 2020명, 사고 재해 사망자 855명, 업무상 질병 사망자 1165명. 이 정도면 '중대재해기업처벌법'을 더 이상 늦출 이유가 없지 않은가. 그런데도 한국경영자총협회는 중대재해기업처벌법 도입으로 경제활동이나 산업 경쟁력 저하 등이 나타날 수 있다고 이야기한다. 경총은 지난(2020. 12) 24일 '중대재해기업처벌법안'에 대한 경영계의 의견을 국회 법제사법위원회에 제출했다.

경총은 법안이 "전 세계적으로 유일하게 경영 책임자 개인을 법규 의무 준수와 처벌 대상으로 규정하고 있는 과도한 법"이라고 주장했다. 이는 지난(2020) 11월 23일부터 26일까지 4일간 경총 회원사 654곳을 대상으로 한 '중대재해기업처벌법 기업인식도 조사결과'(2020. 12. 16)를 기초로 하는데, 여기에는 문제점이 많다.

첫째, 중대재해기업처벌법(안)과 산업안전보건법 처벌 수준이 과도한가? 이는 사실과 다르다. 무엇보다 최근 5년 동안 법률 위반으로 인한 벌금은 430만 원(자연인 421만 원, 법인 448만 원) 수준에 불과하고, 실질적 책임은 전무한 편이다. 정식 기소율 5%, 구속 0.01%도 안 되는 것이 우리나라의 현실이다. 법원 1심에서 실형 선고를 받은 사람은 연간 5명도 채 안 된다.

그나마 경영 책임자가 아니라 기업 관리자여서 '솜방망이, 깃털 처벌'이라는 말이 나온 것이다. 경총의 주장과 달리 영국, 미국, 캐나다, 호주 등 유사 법률과 비교해 우리는 처벌 수준도 낮다. 오히려 경총의 조사결과 중 회원사의 법률 제정 찬성(9%)이나 처벌 강화 예방효과(58.1%, 미약 42.4% 포함)가 더 시사점이 있는 것 같다.

둘째, 법률 시행이 기업의 생산활동을 위축시킬까? 산업안전의 목적은 현장 노동자의 신체와 건강 보호는 물론 산업시설의 안전과 유지를 통해 생명과 기업의 재산을 보호한다는 등의 취지가 있다. 그래서 개별 기업의 안전보건 투자 1% 추가(지출액 39.1억 원) 시 최소 446.9억 원의 경제손실 감소 자료도 곱씹어볼 필요가 있다. 개별 실적 요율 방식으로 A 건설(160억 원)과 B 전자(286억 원)는 수백억 원의 산재보험료 감면 혜택도 받고 있다.

그럼에도 경제활동 위축이나 정부의 지원 미흡을 언급하는 것은 사회·경제 주체로서 책무를 방기하는 행위다. 최근 3년 사이 기업의 산재예방 투자비중 감소나, 노동자 1인당 연간 산재예방 투자비용 약 1만8000원을 볼 때 기업의 경영과 윤리적 책무가 무엇인지 묻고 싶다.

셋째, 대기업 집단이 아닌 중소기업이 더 타격을 받을까? 현재 중대재해기업처벌법(안)은 중소 하청업체 처벌에서, 원청 대기업 처벌로의 전환을 핵심으로 한다. 법률은 중소 하청업체만

처벌하던 법리적 한계에서 벗어나 원청 대기업의 책임 규정을 명확히 제시하고 있다.

경총의 의견서(2020. 12. 24)와 달리 영국, 캐나다처럼 '인과관계 추정' 등을 통해 원청 기업의 책임이 더 강화되어 산재예방 효과가 클 것이다. 물론 중소기업 대상 산재예방요율제(보험료 할인), 산재예방시설 융자, 클린 사업장 조성 지원 등 10여 개의 지원정책을 더 확대하면 된다. 아울러 경총의 조사결과에 대한 과잉 해석도 있다. 조사에서는 "사업주 등 처벌 강화 시 중소기업 경영에 영향을 미칠 것"으로 인식하고 있지, '타격'을 받는 것으로 답변하지도 않았다.

산업구조의 변화와 기술발전 과정에서도 산업재해 문제는 변하지 않고 있다. 오히려 기존 전통적인 산업재해 영역이 더 다양한 양태로 확장되고, 최근에는 제조업과 비제조업을 가리지 않고 산업재해가 발생하고 있다. 3시간마다 1명의 노동자가 목숨을 잃고, 5분마다 다치고 있다. 새해에도 이런 현실이 반복되는 것을 더는 방관하면 안 된다. 특히 동일 기업에서 하청 노동자 산재 사망사고가 반복되는 경우에는 반드시 해결해야 한다.

그간 우리 사회는 기업이 노동자보다 강자 입장이고, 사전 예방 및 관리 비용을 직접 지불하기보다 사후적으로 산재가 발생해도 법정에서 시간을 오래 끄는 것(그들이 이야기하는 소송)이 오히려 유리하다고 생각하도록 방치했다. 이것이 지난 2017년 8월 문재인 대통령이 산업안전보건의 날을 기념해 "그 어떤 것도 노동자의 생명과 안전보다 우선될 수 없기에, 산업안전 패러다임을 바꾸겠다"고 밝힌 이유일 것이다. 독일 헌법 2조의 ②"생명에 대한 권리 및 신체를 해하지 않을 권리"와 같은 헌법 개정을 요구하는 것은 아니고 영국, 호주, 캐나다보다 낮은 수준의 '중대재해기업처벌법' 제정부터 시작하자는 것이다.

_ 2020. 12. 27

기존 전통적인 산업재해 영역이 더 다양한 양태로 확장되고, 최근에는 제조업과 비제조업을 가리지 않고 산업재해가 발생하고 있다. 3시간마다 1명의 노동자가 목숨을 잃고, 5분마다 다치고 있다.

기후환경 위기와 노동의 '정의로운 전환'

기후위기에 대한 관심이 그 어느 때보다 높다. "북극곰을 살려주세요!"라는 그린피스 광고의 메시지는 이를 잘 반영한다. 사실 지난 수십 년 사이 지구촌의 대기온도 상승과 이산화탄소CO_2 증가는 남극 빙하의 해빙과 해수면 상승의 주범이었다. 2050년까지 온실가스 배출을 제로로 만들지 않으면 인류 문명이 위협받을 정도로 파괴적 상황에 직면하게 된다. 이 때문에 전 세계적으로 인류가 공존하기 위해서는 지구 평균온도가 섭씨 1.5도 이상 오르지 않도록 묶어두어야 한다.

이런 이유로 21대 국회에서 발의된 기후위기 대응 법안들은 '탄소중립기본법'으로 제정될 것 같다(2021. 9 제정). 중요한 것은 기후환경 변화가 장기적으로 노동자의 삶에도 부정적인 영향을 끼친다는 점이다. 노동자와 사회에 유해하고 지속 가능하지 않은 화석연료나 핵발전 및 에너지 기반 산업들은 근본적인 전환 압력을 받고 있다. 과거 기후환경과 시장상황 변화에 놓인 일터에서는 반反기후환경적인 대응과 구조조정을 겪은 바 있다. 메릴 스트리프 주연의 영화 〈실크우드〉(1983)나 줄리아 로버츠가 주연을 맡은 〈에린 브로코비치〉(2000)는 이를 잘 보여준다.

현재 국제사회가 제시하는 온실가스 감축 목표, 즉 탄소중립은 산업과 일자리가 지속 가능한 경제로 재편해야 함을 의미한다. ILO나 국제노총ITUC은 전환의 사회적 대화 추진, 전환기금 조성, 취약집단 지원과 좋은 일자리 투자·창출, 기업의 탈산소 전환 계획 등을 제시하고 있다. 바로 '정의로운 전환Just Transition'이 담고 있는 원칙과 방향이다. 그런데 국내에서는 공정한 전환으로 불리거나 녹색 일자리 정도로 오남용되거나 희석되어 사용되고 있다. 정의로운 전환의 핵심은 지속 가능하고 괜찮은 녹색 일자리를 만들기 위한 사회적으로 유용한 생산방식을 전제로 한다.

그렇다면 이제는 정의로운 전환을 위한 실천적 대안을 모색할 시점이다. 향후 기후환경 변화가 일자리에 미칠 영향에 대한 연구부터 시작할 필요가 있다. 녹색 일자리로의 전환 과정에서 필요한 제도적 검토 과제 또한 많다. 기술 및 숙련 형성 센터 운영이나 교육훈련 휴가제와 같은 적극적인 노동시장정책 추진, 취약집단의 소득 지원과 사회적 보호 및 괜찮은 일자리로의 전환 프로그램, 산업과 지역에서 녹색 작업장을 위한 노사 간 공동 프로젝트 등을 들 수 있다. 이미 적색에서 녹색으로의 전환을 주장한 알랭 리피에츠는《녹색 희망》(1993)에서 이런 가치 있는 다양한 방식을 제시한 바 있다.

이제 우리도 정의로운 전환을 위한 다양한 전략을 논의해야 한다. 전환 계획은 추진 '과정'과 '결과' 모두 정의롭게 만들어야 한다. 이를 위해 노사정은 물론 지역사회 구성원이 함께 참여하는 사회적 대화와 플랫폼 운영이 필수적이다.

전환을 뒷받침하기 위해서는 고용안정기본법, 고용보험법, 직업능력개발법, 근로복지기본법, 노사관계발전 지원 법률 개정을 통한 제도적 상호보완성도 필요하다. 지역에서는 정의로운 전환 지원을 위한 노사 공동근로복지기금을 추진하고, 약 30조 원의 대기업 사내근로복지기금 일부를 활용하는 사회연대 전략을 고민해봄 직하다. 최근 EU는 2027년까지 약 140조 원 규모의 '정의로운 전환기금'을 통해 전환에 따라 노동자와 지역사회에 대한 투자를 추진하고 있다.

지난 200년 동안 자본주의 생산방식은 파괴적 성장이었다. 그러나 이제는 가치 있는 녹색성장을 위해 생산방식과 소비방식은 물론 삶의 방식과 노동생활 세계도 과감히 바꿀 필요가 있다. 주 4일제와 같은 노동시간 단축 논의는 사실 정의로운 전환과 맞물려 생각해봐야 한다. 기후환경 변화에 어떻게 대응해야 할지 고민된다면, 2019년 7월 23일 그레타 툰베리가 프랑스 하원에서 '과학적 사실을 근거로 함께 행동하자'고 강조한 연설을 찾아보라.

_ 2021. 3. 26

꿈틀꿈틀, 가능한 변화들

7

최저임금은 우리 사회 모두의 임금이다

매년 그렇듯 또 최저임금을 둘러싼 논쟁이 시작되었다. 논의 초기인데, 벌써 경영계는 두 차례나 보도자료와 기사를 발표했다. 당연히 노동계의 반박 자료도 볼 수 있다. 최저임금 논의 때마다 경영계는 유독 민감하게 반응해왔다. 최저임금 인상으로 인한 영세자영업자와 소상공인의 부담을 모르는 것은 아니지만 OECD 회원국의 두 배나 되는 자영업자 비율(26.1%)과 대기업의 시장 지배력을 더 큰 요인으로 봐야 한다. 최저임금 인상을 둘러싼 고용과 소득 효과성 논쟁은 세계적으로도 치열한 주제다. 최저임금이 저임금 해소에 도움이 되는 건 사실이다.

ILO나 우리나라 법률에서는 제도의 취지가 저임금 해소에 일정하게 기여하는 것으로 판단하고 있다. '헌법' 제32조 제1항에 "국가는 법률이 정하는 바에 의해 최저임금제를 시행하여야 한다"라 규정하고 있다. 1894년 뉴질랜드에서 시작된 이 제도는 경제정책, 사회정책, 산업정책 차원에서 각기 도입할 필요가 있다. 현 정부 초기 2년간 최저임금은 평균 13.35% 인상되었고, 481만5000명이 도움을 받았다. 가파른 인상 논란과 코로나19 영향으로 지난 2년은 가장 낮은 인상률(2020년 2.9%, 2021년 1.5%)로 결정되었다. 하지만 이 시기에 최저임금도 안 되는 임금을 받는 노동자가 15.6%(319만 명)나 된다는 사실은 잘 알려지지 않았다.

그렇다면 최저임금은 어떤 역할을 할까? 매년 반복되는 다툼의 논쟁에서 다른 시각으로 보면 해법도 다를 수 있다. 노동자들은 임금과 소득의 불평등 완화 효과를 강조하고, 기업은 고용 감소와 자영·소상공인의 피해를 강조한다. 노사가 서로 다른 위치에 서 있으니 의견이 다를 수밖에 없다. 그런데 최저임금은 대한민국 정부의 16개 법령과 자치법규에 적용된다. 중앙정부와 지방정부의 40여 개 정책 예산 책정 시 기준으로 활용되고 있다. 또한 지방정부 124곳의 생활임금과 유급병가나 비정규직 휴가

비 지원에도 영향을 준다.

최저임금은 노동자의 실직 및 구조조정 등으로 인한 소득 상실과 재취업 등을 위해 필요한 '실업급여' 및 '출산육아급여' '산재보상급여' 책정 시 주요한 기준 금액이 된다. 특히 최저임금의 영향을 가장 많이 받는 실업급여는 2020년 170만 명이 적용받았다. 더불어 관련 법률에 따라 국가 구성원 피해 보상이나 유공자 포상에도 기준 임금으로 자리 잡고 있다. 그 밖에 사회보장기본법, 재난 및 안전관리기본법, 조세특례제한법, 국가를 당사자로 하는 계약에 관한 법률 등 정부 예산 책정 시에도 기준 금액이 되며, 고용정책 미준수나 장애인 의무고용 위반 과태료는 물론 각종 일자리 예산 사업의 책정 기준으로도 활용된다.

그렇기에 다소 힘들더라도 최저임금은 인간의 존엄성을 보장하는 제도로 자리매김시켜야 한다. 최저임금은 우리 사회 모두의 임금, 즉 사회적 임금이기 때문이다. 최저임금이 '인간다운 삶이 가능한 수준으로서 임금' 혹은 '기본적인 욕구를 포함해 최소한으로 필요한 임금'으로 발전하기 위해서는 여러 대안이 함께 논의되어야 한다. 산업화 초기에는 저임금에 매력을 느낀 사용자들이 여성과 아동에게 12시간 이상 일을 시켜도 괜찮았다. 150여 년이 지난 지금도 최저임금을 둘러싼 논쟁은 끝이 없는 듯하다.

인터넷 포털 구글에서 '최저임금'을 영문으로 검색하니 실시간으로 6억6500만 개나 확인된다. 그만큼 최저임금은 전 세계적으로 보편적 임금으로 인식되고 있다. 최저임금은 '생활안정과 노동력의 질적 향상'(1조)이라는 제도의 취지에 맞게 논의해야 한다. 최저임금은 "우리 사회에 어떤 임금인가?" 하는 근본적인 물음부터 생각해볼 필요가 있다. 최저임금은 가격으로 시장에 맡겨진 임금이 아니라, 인간다운 삶의 실현이 가능한 임금이어야 한다. 인간다운 삶이 가능한 수준의 임금, 그것이 바로 최저임금의 목표 아닐까.

_ 2021. 5. 21

다소 힘들더라도 최저임금은
인간의 존엄성을 보장하는
제도로 자리매김시켜야 한다.
최저임금은 우리 사회 모두의
임금, 즉 사회적 임금이기
때문이다.

노동시간 단축,
많은 지자체로 번지기를

구글이나 마이크로소프트를 비롯한 글로벌 기업은 주 4일제를 시행하고 있다. 최근 유럽과 일본 같은 곳에서도 노동시간 단축이 다양하게 진행되고 있다. 서울시는 지난 1월 23일 지자체 최초로 서울형 노동시간 단축 모델을 발표했다.

서울시의 노동시간 단축 내용은 '주 40시간 상한제'와 '초과근로 제한' '최소 휴식시간과 휴가 보장' 등이다. 올해 3개 기관 시범운영을 통해 전 기관으로 확산할 예정이라고 한다. 경제사회발전노사정위원회에서 합의한 1800시간대가 목표다. 현재 2485시간인 노동시간을 단계적으로 단축할 경우 서울의료원 간호사들에게 1년에 무려 75일의 삶의 여유가 주어진다. 이를 위해 서울시는 인력(60명)과 예산을 지원한다.

우리는 OECD 회원국에 비해 월등히 많은 시간을 노동에 할애하고 있다. 2005년 주 5일제가 도입된 지 10년이 넘었는데도 주 6일 이상 일하는 직장인이 663만 명(34.2%)이나 된다. 노동시간이 OECD 회원국 평균보다 1년에 347시간이나 긴 편이다. 우리나라 국민은 한 해에 40일 더 일하는 것이다. 1주일에 52시간 이상 장시간 노동을 하는 비율도 18%(345만 명)에 가깝다.

사실 직장인들에게 '저녁은 야근하는 시간'일 뿐이다. 대부분 직장에서 점심시간을 모두 보장받기를 기대하는 것은 사치라고도 한다. 1주일 휴가조차 마음 편하게 사용하기 힘든 조직문화가 일상화된 지 오래다. 우리나라 직장인 10명 중 4명은 유급휴가를 가지 못한다. 비정규직 10명 중 7명 이상은 유급휴가가 없는 삶을 살고 있다. 이처럼 일이 삶을 압도해버린 오늘날, 불평등한 시간 배분이나 숨겨진 노동시간은 우리 모두의 삶을 앗아가고 있다.

그런데 왜 우리 국민은 이런 시간을 견뎌야만 할까? 1953년 근로기준법이 제정된 이후 지난 60년 동안 국가는 근본적으로 사회구성원 모두를 '시간 부족' 상황으로 내몰았다. 이제는 우리 삶의 방식에 변화가 필요하다.

1년에 한 달의 휴가를 보장하는 독일, 하루 휴게시간이 2시간가량 되는 프랑스, 1주일 근무시간이 35시간에 불과한 덴마크와 핀란드, 이들 나라에서는 국민에게 자기 삶을 결정짓는 시간을 참고 기다리라고 하지 않았다. 독일이나 이탈리아에서는 지자체가 선도적으로 노동시간 단축을 진행했다. 최근 스웨덴 예테보리에서는 지난 2년 동안 1일 6시간 근무제 실험을 진행한 바 있다.

ILO의 첫 번째 협약은 '근로시간 단축에 관한 협약'이었다. '괜찮은 노동시간'을 제시한 지도 벌써 10년이 흘렀다. 눈치 안 보고 퇴근하며, 여름이나 겨울에 최소 1주일 이상 휴가 갈 수 있는 기본적인 삶은 누려야 하지 않는가. ILO는 노동자에게 최소 2주의 연속 휴가 사용을 권고하고, EU는 연차휴가를 4주 이상 부여하도록 권고하고 있다. 독일, 프랑스, 영국 등의 유급 연차휴가는 20일 이상이다.

따라서 서울시의 노동시간 단축 모델은 지자체에서는 보기 드문 사례로, 의미가 적지 않다. 향후 민간위탁 등 소규모 사업장과 주 4일제나 1일 7시간 근로 등 다양한 근무 형태에 대해 논의한다고 한다. 이제 서울시가 우리 사회의 노동시간 단축을 위한 첫발을 내디뎠다. 다른 지자체에서도 시민과 노동자들의 보다 나은 삶을 위해 '시간의 정치'를 펼쳤으면 한다.

_ 2017. 2. 6

비정규직 차별 시정 10년, 답을 찾아가다

비정규직보호법이 시행된 지 어느덧 10년이다. 아직도 기억이 선하다. 2007년 7월 법 시행을 둘러싸고 노사정은 물론 사회적 논란이 컸다. 법의 필요성 못지않게 우려의 목소리가 적지 않았다. 제도의 미흡함 때문이었다. 사실 비정규직보호법의 도입 취지는 고용불안과 차별 해소였다. 직장에서 2년 된 계약직의 정규직 전환과 불합리한 차별을 방지하자는 이유였다. 그렇다면 과연 지난 10년 사이 어떤 변화가 있었는가.

객관적으로 확인할 수 있는 자료는 많지 않다. 다만 일부 정책 효과가 확인된다. 비정규직의 사회보험이나 퇴직금 적용 비율이 다소 증가했다. 그나마 노동시장을 개선하기 위한 사회적 노력의 성과 아닐까 싶다. 그러나 보수 정부 시기 고용의 질 악화가 문제다. 비정규직의 정규직 전환율은 16.8%에 불과하고, 정규직과 비정규직 간 임금 격차는 줄어들지 않고 있다. 정규직이 100일 때 비정규직은 48.7의 임금을 받고 있다. '동일가치노동 동일임금'은 근로기준법에만 존재한다.

비정규직의 일터는 더 가혹하다. 폭언이나 성희롱 등 비인권적인 문제는 잘 알려지지도 않는다. 협력업체 소속이기에 보호해줄 곳이 없다. 입사 후 단 한 번도 사장 얼굴을 볼 수 없는 그들은 2년에 한 번씩 바뀌는 작업복과 출입증을 받을 때 그나마 위안을 느낀다. 계약을 확인하는 순간이다. 그러나 명절 때마다 관리소장의 호출을 받으면 부담스럽다. 연말 재계약을 앞두고 선물을 고민해야 하기 때문이다. 관리소장 마음에 들지 않으면 괴롭혀서 사표를 쓰게 하기도 한다. 제도적 사각지대가 실질적 사각지대를 만든 것이다. 제도 시행 초기 2년을 제외하면 비정규직 차별 시정 신청은 1년에 고작 44건이다. 불이익을 감내하면서 차별 시정을 신청하기란 애초에 불가능하다. 이는 정부 정책이 개별 현장에서 작동하지 않는 것을 의미한다.

비정규직보호법이 시행된 지 10년이 됐지만 문제 해결의 실마리를 좀처럼 찾지 못하고 있다. 그러나 서울시는 지난 5년간 비정규직 문제 해결을 위한 답을 찾아가고 있다. 무엇보다 9098명의 정규직 전환은 의미가 크다. 특히 정규직 전환자 중 7602명은 청소, 경비, 시설 등 간접고용 비정규직이다. 우리 사회의 빈곤과 불안정의 덫을 제거하는 첫 작업이었다. 여름휴가, 상여금, 교육, 건강검진, 본사 직원 연락망, 정년 퇴임식 등 일터의 모습이 변했다. 이전에는 생각하지 못했던 것들이다.

올해부터는 온전한 정규직 전환과 차별 해소를 위한 실천 과제들도 밝혔다. 정규직과의 임금 격차(25%) 축소나 직군 간 통합 및 인사승진 체계 등이다. 불합리한 차별을 해소하자는 구성원 간 공감대가 형성되자 다양한 노력이 시도되고 있다고 한다. 임금 격차는 주로 기관 내 잔여 인건비를 활용하는 방안이 제시되었다. 어떤 기관은 노동시간 단축을 통해 추가 부담 없이 해결방안을 찾았다. 현장 직원의 인사승진도 시작되고 있다. 내년부터는 서울시 민간위탁 기관 등 소규모 사업장의 침해나 차별 등을 담당하는 '노동조사관'을 신설한다고 한다.

이렇게 서울시의 노동정책은 진화하고 있다. 생활임금이나 노동이사제뿐만 아니라 노동시간 단축과 감정노동자 보호사업도 의미 있는 정책이다. 서울시의 노동정책은 지방정부라는 한계 속에서 가능성을 보여준 정책의 연속이다. "우리가 존중받고 있다는 느낌, 소속감, 처음으로 직장에서 행복하다는 생각을 해봤다"는 한 청소 노동자의 말에서 어떤 노동정책이 필요한지 의미를 되짚어본다. 이제 국가는 어떤 정책을 국민에게 설득할 것이 아니라, 눈으로 확인시켜주어야 할 때다.

_ 2017. 7. 21

주 4일제 실험과 '시간의 정치'

주 4일제는 불가능한가? 허황되고 현실성 없는 주장으로 들릴 듯도 하다. 하지만 불과 15년 전까지만 하더라도 토요일까지 일하고 학교 가는 게 일상이었다. 당연히 주 5일제 시행 때도 반대가 심했다. 당시 경영계와 보수 언론의 반응은 협박에 가까울 정도로 소름 끼친다. "삶의 질을 높이려다, 삶의 터전을 잃습니다"라는 신문 광고와 "주 5일제 시행하면 경제가 죽는다"는 기사들이었다. 기억을 되짚어보면 혼란은 발생하지 않았고, 경제가 죽지도 않았다. 오히려 대기업의 납품단가 후려치기 횡포나 분식회계 같은 위법한 행태가 경제 악화의 주요 요인 아닐까.

노동시간 단축은 노동의 역사와 맥을 같이한다. 1919년 ILO의 1호 협약은 '하루 8시간 노동'이었고, 1935년 47호 협약은 '주 40시간 근로제' 결의였다. 1962년 주 40시간 근무를 '사회적으로 달성해야 할 기준'으로 선언한 지 60년이 되어간다. EU는 1993년 건강 및 안전조치 일환으로 '주 35시간제'를 채택했다. 일자리 창출이 목적이 아니라, 일하는 사람의 권리에서 접근했다. 산업화 이후 그 어떤 나라에서도 노동시간 단축이 하루아침에 이루어진 것은 아니다. 연장근로 규제 한도(한국 52시간, 프랑스 48시간)부터 법정 연차휴가(한국 15일, 프랑스 30일)와 일과 삶의 균형 지수(한국 4.1점, 프랑스 8.4점)의 차이를 어떻게 봐야 할까?

1936년 2주 연속 휴가 사용을 법제화한 프랑스(1402시간)에 비해 한국(1908시간)의 노동 현실이 암울한 것은 제도의 차이에 기반한다. 특히 최근 4년 동안 주 4일제를 시행한 아이슬란드의 결과에 여러 나라가 주목하고 있다. 전 국민 가운데 취업자 1%를 대상으로 주 4일제를 실험한 것이다. 시행 결과 직원의 신체와 정신적 고통이 해소되고, 이직 및 병가 감소와 같은 긍정성이 확인되었다. 결국 건강과 안전을 촉진하고 노동자에게 선택권이 부여된 괜찮은 노동시간은 다양한 측면에서 이익인 것이다. 이미 오래전부터 핀란드(1990)와 스웨덴(2005)은 다양한 노동시간 단축을 실험한 바 있다.

물론 주 4일제와 32시간제는 차이가 있다. 그러나 산업화 시기 파괴적 성장의 한계를 극복하고, 지속 가능한 사회를 위해서라도 이제는 시간의 정치를 고민할 시점이다. 산업구조와 일하는 방식이 변화하고 있다면 노동시간 규율도 달라야 한다. 탄소 배출량 감소와 맞물린 정의로운 전환의 핵심 중 하나도 노동시간 단축이다. 평생학습 사회를 준비해야 하는 시점에서 생애주기 노동시간을 모색해야 한다. 주 4일제로 주어진 하루 8시간은 지역 커뮤니티와 공동체 활성화의 촉매가 될 수 있다. 생산성과 별개로 여러 쟁점도 있다. 모두를 위한 해법은 아니더라도 저임금·중소기업은 사회보장, 돌봄, 교육훈련 등 이전 소득과 세제 지원 등 다양한 방법을 찾아봄 직하다.

최근 정의당 심상정 의원은 주 4일제를 대선 공약으로 내세웠고, 시대전환 조정훈 의원은 3년간 주 4일제 실험을 제안했다. 스페인은 주 4일제 계획을, 영국 노동당은 향후 10년 이내 주 32시간 공약을 발표했다. 독일 금속노조는 코로나19 시기 경기부양 프로그램 개선과 주 4일제 단체협약 계획을 밝힌 바 있다. 현재 영국과 아이슬란드의 주 4일제 홈페이지에서는 국제청원운동까지 진행하고 있다. 어느덧 주 4일제 논의가 실험과 정책의 가시화 단계까지 진전되고 있다.

'4일만 일하면 경제는 어떡해?' 사고와 '3일의 휴식과 재충전이 필요해'라는 접근은 서로 다른 철학에서 출발한다. 그러기에 1966년 국제인권규약의 노동기본권 제정 이후, 정책의 상상력은 입법의 틀과 경제문제에 항상 가로막혀 있었다. 그러나 이제는 일이 삶을 압도한 사회에서 벗어나, 일과 삶의 조화가 가능한 사회를 모색할 시점이다. 주 4일제가 정착되어 "그땐 주 5일을 어떻게 일했지"라며 회상할 시기가 머지않을 수도 있다.

_ 2021. 9. 10

지방분권 시대, 유니언시티 모델

6·13 지방선거 이후 지자체 단체장들이 업무를 시작했다. 언론 기사들을 보니 기존 단체장이 연임한 곳도 있지만, 신임 단체장도 많은 것 같다. 몇몇 지역은 인수위원회를 최소 규모로 꾸렸지만, 어떤 곳은 대규모 조직으로 출범하기도 했다. 각 지자체 인수위원회 명칭에는 '새로운' '변화' '혁신' '소통' '참여' '시민' 등이 담겼다. 아마도 이전과 다른 지자체의 철학과 정책 방향을 설정하기 위한 표현으로 보인다. 각 지자체의 위원회는 향후 민선 7기 4년 동안 진행될 지자체의 비전과 목표, 로드맵을 구축한다. 이를 위해 앞으로 두 달 동안 조직을 파악하고 공약사항을 정책화하는 작업을 할 것이다. 주요 광역과

기초 지자체 공약을 보면 경제, 일자리, 복지만이 아니라 청년과 4차 산업과 같은 정책들도 녹아들어 있다. 그만큼 현실 상황을 반영한 것 같다.

최근 몇몇 지자체는 지역 차원의 노동정책에 관심을 갖고 정책을 추진한 바 있다. 바로 서울, 광주, 경기, 충남과 성남, 아산, 안산, 부천 등이다. 그동안 지자체의 노동정책은 거의 전무했다. 일자리정책은 경제나 산업정책의 하위 영역으로 인식되었다. 조례 제정, 행정조직 설치, 정책과 사업, 지원센터, 거버넌스 운영 등 노동행정의 기본 골격을 모두 갖추고 있는 곳은 서울시 정도에 불과하다. 아마도 서울시에서는 향후 4년 동안 25개 자치구와 거버넌스를 통해 보다 깊고 넓은 노동정책을 펼칠 것 같다.

촛불 항쟁 이후 출범한 문재인 정부는 '노동 존중 사회'를 표방하고 있다. 분권화 시대에는 지방정부의 노동정책 역할이 더욱 강조될 것이다. 향후 지방정부의 노동정책은 중앙정부와의 차별성을 강조하는 데 그치지 않고, 노동의 사각지대 해소를 목표로 할 것 같다. 지속 가능한 노동정책은 사회적 대화를 통한 공론의 공간을 마련하고 다양한 이해당사자가 참여하는 논의구조 속에서 실현될 것이다.

이미 세계 곳곳에서 '좋은 일자리 프로젝트'가 시행 중이다.

노동시간 단축이나 생활임금, 기본소득 그리고 프리랜서나 플랫폼 노동의 보호와 같은 의미 있는 정책들도 있다. 중앙정부가 아닌 지방정부에서 실험 중인 정책들이다. 경제가 발전하고 부는 더욱 증가하는데도 소득 불평등이 줄어들지 않는 도시 정부의 새로운 대안이기도 하다.

하지만 여전히 지자체 공무원 중에는 '노동'문제를 고용노동부 소관 업무로 인식하는 이가 적지 않다. 반면에 서울시는 지역의 노동정책에 관심을 갖고 협치 모델을 추진하고 있다. 2011년 '노동존중특별시'를 선언하고, 지난 6년 동안 지역의 '노동행정 모델'을 만들기 위해 노력해왔다. 서울시는 분권화 시대의 노동정책으로 '유니언시티Union City'를 표방하고 있다.

유니언시티는 지방정부에 특화된 노동정책 모델로, '노동 존중 도시'를 뜻한다. 무엇보다 지방정부가 지역 차원의 보편적 노동기준을 수립하고, 노동자들의 존엄과 행복을 적정 수준에서 보장하는 것이다. 이는 지방정부가 보호가 필요한 노동자들의 이해 대변이 가능하도록 노동조합과 사회적 계약관계를 맺는 것을 뜻한다. 다시 말해, 유니언시티는 이제까지 사각지대에 있던 비정규직이나 특수고용 등 취약 노동자들도 단결권 등 헌법이 보장하는 기본권이 향유되는 도시를 의미한다.

하버드대 경제학과 리처드 프리먼 교수의 한 논문은 의미심장하다. “노조 가입률이 높은 도시 지역 저소득층 아이일수록 더 높은 계층으로 이동할 확률이 높다”는 것이다. 지난 수십 년간 주요 국가들의 부는 상위 1%가 전체 총소득의 5분의 1을 가져갔다고 한다. 문제는 부가 증가한 나라에서조차 빈곤 축소는 매우 더디게 이뤄지고 있다는 점이다. 특히 전 세계적으로 도시에서 ‘일의 불평등’은 지금까지 다뤄지지 않았다. 이 때문에 OECD에서도 불평등과 차별 해소를 위한 지역과 도시의 역할로 ‘포용도시’를 제시한 바 있다. ILO는 2019년 설립 100주년을 앞두고 변화하는 환경에 맞게 의미 있는 내용을 준비한다고 한다. 이제 우리나라도 중앙정부와 지방정부가 상호 협력하는, 분권화 시대의 새로운 지방정부 노동정책을 기대해본다.

_ 2018. 7. 6

지역의 좋은 일자리 실험과 모델 찾기

요즘 카풀 도입과 광주형 일자리가 세간의 관심사다. 둘 다 산업과 지역의 새로운 일자리 모델로 제시된 것인데 찬반 논란이 많다. 두 사례의 시사점은 하나다. 어떤 정책과 사업 실행 과정에서 이해관계자들을 배제하면 안 된다는 것이다. 편리함과 효율성만 강조해서도, 산업경제만 강조해서도 안 됨을 보여준 대표적 사례다. 그렇다면 우리는 어떤 일자리를 만들어야 할까? 아마도 중앙정부나 많은 지자체가 또 다른 광주형 일자리에 관심을 기울일 것 같다. 그러나 보다 혁신적인 모델에 관심을 기울여야 한다. 이와 관련해 세 가지 아이디어를 꺼내보고자 한다.

첫째, 광주형 일자리에서 고민하지 못한 '노동의 인간화' 모델까지 논의해보자. 앞으로 제조업 생산 라인은 디지털화 과정에서의 생산성 논쟁이 노사 간 쟁점이 될 것 같다. 이때 노사 상생의 대안적 공장(볼보, 폭스바겐)을 모색하면 좋겠다. 총체적 학습과 자율성이 확보된 '보람 있는 일터'를 만들고자 노사가 함께 노력하면 좋겠다. 무엇보다 지속 가능하고 괜찮은 일자리를 위한 기업과 정부의 투자 확대가 핵심이다. 과거처럼 공모 사업으로 운영하는 정부의 일회성 사업은 이제 지양해야 한다. 현재 시행되고 있는 지역 맞춤형 일자리나 특별회계 포괄보조금 사업 중에는 실효성이 불확실한 사업이 많다. 오히려 기업의 장기투자를 늘리기 위한 인센티브 구조 개편이 필요하다. 제조업 공장만이 아니라 도심 서비스 일자리도 중요한데, 이탈리아 밀라노시의 디지털 경제 모델이 참고할 만하다. 이 모델은 기업 투자를 지자체에서 지원하고 지역의 다양한 이해당사자가 참여한다. 대학과 학생도 참여한다. 도시의 맞춤형 일자리 창출이 목표지만 '노동의 권리'가 행동 계획에 주요한 원칙으로 제시되고 있다.

둘째, 학교를 졸업한 청년들을 위한 새로운 도심 일자리를 모색한다. 청년들이 일하고자 하는 기업이 꼭 주거지와 일치하지는 않는다. 노동시장의 이동성과 수요공급의 불일치 해소가 중요하다. 이를 위해 지자체 간 협력 사업, 즉 행정구역을 벗어난 '도시권 일자리 프로젝트'를 모색할 수 있다. 여러 개의 지자체가 권역을 형성해, 공동으로 지원하는 '새 일자리 루트'를 만드는 것이다.

영국에서 추진하고 있는 청년 일자리를 위한 '5-3-1 캠페인 Five three one campaign'은 참고할 만하다. 기술투자와 교육훈련 등 사용자가 할 수 있는 5가지, 청년들의 잠재력 실현과 지역경제 활성화 등 긍정적 성과 3가지 이유, 그리고 긍정적 결과물 1가지, 그것은 바로 지역경제 성장과 취업 증진이다. 이를 위해서는 정부가 공공정책을 통해 좋은 일자리를 지원하는 기술 활용이 제도적으로 뒷받침되어야 한다.

셋째, 우리의 삶과 제도의 패러다임이 혁신적으로 변화할 시기가 되었다. 이제 공공부문에서 직접 일자리를 대량으로 창출하는 데는 한계가 있다. 앞으로 기존의 정형화된 풀타임 일자리와 같은 것은 더욱 힘들다. 그간 많은 지자체가 새로운 일자리 창출을 위해 노력했지만 일자리의 질은 크게 개선되지 않고 있다. 95만 개나 되는 정부의 재정지원 일자리는 더욱 그렇다. 그렇다면 새로운 일자리 모델로 '시민활동 일자리 계좌제'를 고민해보는 것은 어떨까. 시민활동 계좌제는 지역에서 '일 경험'과

'유급 일자리 형태'를 융합한 새로운 모델이다. 지역에서 주 15시간에서 25시간 내외 활동을 하고, 보상 성격으로 활동 시간을 계좌에 적립했다가 본인이 필요할 때 유급으로 인출하는 것이다. 다양한 시민활동 참여자가 활동계좌를 만들어, 직장을 잃거나 직업훈련 등 필요할 때 계좌에서 시간당 금액을 인출해 사용하자는 것이다. 국내 몇몇 지자체에서도 실험적 논의가 제기되고 있지만, 행정과 관습에 발목 잡혀 한 발짝도 진척이 없다. 올해 창립 100주년을 맞는 ILO는 '더 나은 미래를 위한 일'을 제시하면서 인간 중심의 노동 10대 의제를 제시하고 있다. 주요 내용은 개인 역량과 제도 및 지속 가능한 일자리를 위한 투자 확대다. 과연 우리 사회에서 새로운 대안적 일자리 실험이 가능할까.

_ 2019. 2. 15

평등한 시민권과
촘촘한 사회적 안전망

누구나 복지제도의 필요성을 인식하지만 어떤 복지국가여야 하는가에 대해서는 생각이 다르다. 기초노령연금이나 아동과 청년수당이 대표적 사례다. 각 정책 모두 도입 초기에 사회적 논쟁이 많았다. 개별 정책 모두 시민이라면 누려야 할 권리라기보다 하나의 조건으로 판단하는 사람이 많았다. 사실 다니던 직장에서 해고나 구조조정이 발생하면 실업급여를 적용받는다. 그러나 실업급여제도가 만들어진 역사는 길지 않고 적용자도 일부에 한정된다. 이런 현실에서 빈곤 및 재취업 등을 위한 다양한 사회수당을 생각하기는 어렵다.

그런데 지난(2019) 3월 5일 노사정 합의로 '한국형 실업부조

제도'가 발표되었다. 고용보험에 가입한 노동자에게만 적용됐던 실업급여를 저소득 구직자와 자영업자에게까지 확대한다는 것이다. 내년부터 저소득층을 대상으로 매월 50만 원씩 6개월간 지급된다. 그간 도움을 받지 못한 미취업 구직자는 물론 전직 자영업자와 경력 단절자까지 혜택을 받게 된다. 사회보험 사각지대 해소를 위해 생계지원과 고용서비스가 결합된 형태다. 일정한 소득을 기준으로 대상자가 좁혀진 한계가 있지만, 사회정책의 기본 방향을 제시했다고 볼 수 있다.

몇몇 지표가 노동시장의 위험성과 고용불안정을 확인해준다. 비정규직의 일터나 자영업자들의 노동시장은 매우 심각하다. 1년 미만 근속자(31.3%)가 많다 보니 사회보험(37.8%), 교육훈련(38.4%), 유급휴가(24.5%) 적용자는 10명 중 3명이 고작이다. 직장에 취업해도 10년 이상 장기 근속자 비율은 20.1%에 불과하다. 게다가 OECD 주요 나라와 비교해 1인 자영업자도 2배나 많다. 이런 현실에서 촘촘한 사회적 안전망은 우리에게 꼭 필요하다.

국가는 국민이 삶을 유지하고 사회적 활동에 필요한 최소한의 제도를 만들어야 한다. 한 사람의 시민으로서 살아갈 권리가 무엇인지에 대한 답에는 지방정부의 몫도 있다. 최근 서울시에서 발표한 시민의 사회적 안전망을 꼼꼼히 살펴볼 필요가 있다. 앞으로 서울시는 비정규직 노동자나 영세자영업자에게 유급병가를 지원한다고 한다. 생활임금 수준으로 10일 정도 지원하는데, 아파도 병원에 가기 어려운 저소득 시민에 대한 소득지원 성격을 지닌다. 특히 열심히 일했음에도 사업을 접어야 하는 소상공인의 폐업 지원을 위한 채무 감면이나 지원제도는 우리 사회에서 매우 필요한 정책 중 하나다.

게다가 올해(2019) 7월부터 비정규직 대상 휴가비 지원(25만 원)도 시행한다. 중앙정부가 시행하는 중소기업 휴가비 지원제도(20만 원)는 정규직이 주 대상인 반면, 서울시의 지원제도는 저임금 비정규직이나 특수고용 노동자가 대상이다. 서울지역 비정규직 휴가 사용률이 1주일 남짓에 불과하다는 점을 고려하면 매우 의미가 있다. 1936년 처음으로 2주간 누구나 연속으로 휴가를 사용할 수 있도록 한 프랑스에 비하면 80여 년 격차가 있다. 그 밖에 프리랜서 지원이나 미취업 청년을 대상으로 한 청년수당과 같은 제도는 "어떤 신분이나 고용 형태와 상관없이 시민의 권리를 보장받아야 한다"는 철학을 담은 것으로 봐야 한다.

영국 켄 로치 감독의 영화 〈나, 다니엘 블레이크I, Daniel Blake〉는 우리에게 시사하는 바가 크다. 영화에서 고용센터 공무원은 질병수당을 신청하러 온 주인공에게 오로지 원칙과 기준 그리고 절차만 강조한다. 고용센터에서 질병수당을 제공하는 데 있어 개인의 '잘못'과 사회의 '잘못'을 구별하지 않고 있다.

지난 몇 년간 서울시 정책들은 시민권을 보장하는 사회적 안전망을 하나하나 만들어왔다. 앞으로 다른 지방정부에서도 다양한 정책이 시민들에게 '더 가까이, 더 구체적으로' 전달되면 좋겠다. '평등한 시민권'은 소득, 거주지 등의 기본적 욕구만이 아니라 그 이상이 필요하다. 다만 정책 설계 과정에서 잊지 말아야 할 원칙도 있다. 시민의 안전망은 시혜와 배려의 관점이 아니라, 권리와 평등의 관점이어야 한다는 것이다. 몇 년 후 한 지방정부에서 시민보험을 시행한다는 소식을 듣고 싶다.

_ 2019. 3. 15

국제노동기구 100주년, 일의 미래

노동인권이나 노동정책을 주제로 강연하다 보면 가끔 이런 질문을 받곤 한다. "세계보건기구WHO처럼 노동문제 관련 유엔 산하 전문기구는 없나요?" 이런 말을 들을 때마다 충격을 받는다. WHO는 1923년에 설립되었지만, 국제노동기구ILO는 그보다 4년 빠른 1919년에 설립되었고, 2019년 현재 187개 국가가 가입해 있다. 우리나라는 1991년에 152번째 회원국이 되었다.

사실 ILO는 각국의 노동입법 수준을 발전·향상시켜 노동조건과 생활수준을 보장하고 개선하는 역할을 하고 있다. 실업과 불완전고용, 노사관계, 경제발전, 자동화를 비롯한 기술변화 문제 등에 관한 연구도 한다. ILO는 2019년 100주년을 맞이해 〈더 나은 미래를 위한 일〉이라는 보고서를 발간했다. 오는 10일부터 약 10일 동안 100주년 기념 총회도 개최한다. 매년 열리는 총회에는 우리나라를 포함해 전 세계 노사정 대표가 모두 참가한다. 아마도 이번 총회에서는 '미래의 일'과 관련된 10가지 권고사항을 채택할 것으로 보인다. 평생교육, 성평등, 보편적 노동권 보장, 좋은 일자리 실현과 기술투자 및 사회적 보호 등이다.

그 이유는 전 세계적으로 급격히 변화하는 노동환경 때문이다. 지난 몇 년 동안 인공지능, 자동화, 로봇공학 등 기술의 발전은 새로운 일자리 창출 가능성을 보여주었다. 그러나 미래의 새로운 기회가 주는 혜택을 받을 준비가 안 된 노동자들이 기술발전으로 인해 일자리를 잃을지 모른다는 점도 강조한다. 특히 학교에서 배운 교육과 지식은 새로운 미래 일자리에 무용지물이 될 것이고, 새로 습득한 기술은 얼마 안 가 쓸모없어질지 모른다는 이야기도 한다.

2019년 대한민국의 노동 현실과 일의 미래는 암울하다. 우체국 집배 노동자가 지난 10년 사이 191명이나 사망했다고 한다. 올해에만 벌써 4명이 과로로 목숨을 잃었다. 언론 기사를 보니 우정본부는 적자문제로 인력 충원이 더디다고 이야기한다. 그

말에 더 화가 난다. 그럼 앞으로 흑자가 되기 전에는 노동자들이 목숨을 잃어도 괜찮다는 것인가. 이뿐만이 아니다. 아직도 여성과 남성 화장실이 분리되지 않은 A 공공기관도 있고, B 공공기관 자회사 직원들은 별도의 휴게실이 없어 화장실에서 유니폼을 갈아입고 있다. 민간기업도 다르지 않다. 수년째 같은 곳에서 일해도 처우 개선 없이 고용주가 바뀔 때마다 고용불안에 시달리고 있다.

지난 10년 동안 노동시장 상황이 개선되었다고 하지만, 일하는 사람 10명 중 4명은 비정규직이다. 여성의 임금은 남성에 비해 여전히 35% 정도 낮다. 최저임금 인상으로 저임금은 다소 해소되었으나 자산의 대물림으로 인한 소득 불평등은 더욱 심화되고 있다. 아직도 많은 사람이 과도한 노동시간에 시달리거나 산업재해로 매년 목숨을 잃고 있다. 직장 스트레스는 정신건강 위험을 심화시킨다. 그럼에도 90%의 노동자는 노동기본권을 누리지 못하며 자신의 목소리를 내지 못하고 있다. 일터에서의 권리를 위해 헌법에 보장된 노동조합을 만들었더니 정규직 전환을 해주지 않겠다는 이야기도 서슴지 않는다.

지난 수십 년간 우리 사회에 '일터의 권리'는 없었다. 대한민국은 ILO와 주 40시간 협약을 했지만, 세계에서 최장시간 일하는 나라다. 산업안전보건 협약을 6개나 비준했지만 OECD 국가 중 가장 높다. 영국 사망률의 26배다. "계약 형태나 고용 지위에 관계없이 모든 노동자는 인간적인 노동환경을 보장하는 적절한 노동보호를 누릴 수 있어야 한다." 그것이 바로 100년 전 ILO가 선언한 "진정으로 보다 인간적인 노동체제"다.

이제 우리도 그 여정에 함께하며, 더 나은 일의 미래를 위한 기회를 포착해야 한다. ILO 100주년 보고서는 유급휴가제도를 통한 평생 교육훈련 시행, 플랫폼 노동과 같은 비표준적 고용의 규율, 보편적이고 포괄적인 사회안전망 확대를 제시한다. 노동자의 경영 참여나 여성과 청년문제도 비중 있게 다룬다. ILO 1호 협약이 8시간 노동이라는 점을 고려하면, 우리도 '더 나은 미래의 일'을 위한 목표가 절실한 과제일 듯하다.

_ 2019. 6. 14

‘K자형 양극화’에 대비할 5가지 전략

2021년 새해가 되었어도 활력을 찾지 못한다. 언론 기사에서는 지난 한 주 동안 주식과 부동산 이야기뿐이었다. 국내 IT 기업 대표의 자사주 친·인척 증여액 1452억 원, 연예인 건물 매각 시세 차익 24억 원 등이 대표적 사례다. 매년 새해에 듣던 “올 한 해 건강하고 행복하세요!”라는 말도 낯설다. ‘행복’이라는 말보다는 ‘불행’하다는 인식이 더 팽배하다. 지난 한 해 동안 거리 두기가 유지되면서 불안감도 잔존한다. 방역문제를 둘러싼 사회·경제적 혼란도 적지 않다.

지난 1년은 힘든 시기였다. 우리만이 아니라 전 세계가 바이러스를 피하지 못했고, 그 여파는 경제·사회 전반에 큰 영향을 미쳤다. 감염 위험으로 수많은 사람이 생계에 어려움을 겪고 있다. 바이러스는 균질적이지 않고 취약층에 더 가혹했다. 그렇다면 이런 파국을 딛고 올해에는 더 나은 사회로 복귀할 수 있을까? 언론과 학계는 코로나19 이후 상류층과 중하위층의 소득과 자산 격차가 심화될 것으로 진단한다. 특히 경제회복 과정이 'K자 형태'로 전개될 것이라는 우려의 목소리가 많다.

단기적으로 경제가 회복되더라도 상단과 하단의 진행 방향이 알파벳 'K'자처럼 벌어질 수 있다는 것이다. 대기업과 중소 영세기업, 전통적 산업과 정보통신 산업, 정규직과 비정규직 간 격차가 심화될 거라는 의미다. 지난 한 해 동안 122만 개 일자리가 사라졌다. 1998년 외환위기 이후 최대치다. 비정규직, 자영업, 비공식 노동자, 청년, 여성은 경제회복 이후에도 빈곤과 불평등에서 벗어나지 못할 것 같다. 코로나19 종식과 경제회복은 더디겠지만 좌절하고 희망까지 잃을 필요는 없다. 더 신속하고 과감한 제도와 정책을 모색하는 것도 한 방법이다. 이미 코로나19와 같은 괴물로부터 민첩하고 탄력 있는 회복 방안들이 논의되고 있다. 코로나19 이후 '더 나은 내일'을 위한 전환 시대의 전략과 과제를 알아보자.

첫째, 일하는 모든 사람을 위한 사회적 보호제도 설계다. 기존

근로기준법이나 고용정책은 물론 주거복지와 사회보험제도까지 혁신적으로 변화해야 한다. 특수고용, 플랫폼 노동, 프리랜서, 자영업자까지 포괄하는 제도의 전환을 의미한다. 전 국민 사회보험과 유급병가, 청년 출발자산 등이 디딤돌이 될 수 있다.

둘째, 모든 국민에게 직업능력 향상 기회와 시간을 제공하는 평생학습 체계 설계다. 생애주기별 평생학습 휴가제와 시민활동, 직업훈련계좌제 같은 구체적인 평생교육정책이 제시되고 있다.

셋째, 더 많은 일자리와 휴식권이 보장된 괜찮은 노동시간 정책 설계다. 주 4일이나 24~32시간의 라이트 풀타임light-full time 일자리와 같은 과감한 시간의 정치도 필요하다.

넷째, 성장의 한계와 생산의 늪에서 탈출하기 위한 녹색 일자리 전략과 프로그램 설계다. 기후환경을 살리면서 불평등을 완화하는 괜찮은 일자리로의 전환, 즉 정의로운 전환은 코로나19 이후 산업과 고용정책의 지향점이 될 수 있다.

다섯째, 코로나19 이후 대전환의 재정 전략 설계다. 미래의 지구와 도시 그리고 우리 모두의 삶을 위한 재원이 필요하다면 재난안전세, 디지털 플랫폼세, 탄소세 도입 등을 논의하자. 물론 단기적으로는 신용카드, 유가 보조, 부가가치세 등 약 17조 원의 비과세 감면 조정을 통한 재정정책도 가능한 방법이다.

2년, 3년 또는 5년 후 세상이 어떻게 변화할지 주목할 필요가 있다. 기후변화나 산업구조 및 기술발전, 세계화와 같은 거대한 파고들을 피할 수 없다면 미리 준비하고 대응해야 한다. 더 나은 미래를 모색하지 못한다면 지금 당장 삶을 지탱하기조차 쉽지 않을 것이다. 코로나19 이후 불평등한 사회를 바꾸기 위한 전환 전략은 바로 새로운 사회계약과 규칙 만들기에서부터 시작해야 한다. 불확실한 미래를 섣불리 예측하기보다 우리가 원하는 미래를 상상하면 어떨까.

_ 2021. 1. 22

낡은 노동법 떨치고 일하는 시민법으로

괜찮은 일자리와 존엄한 일자리의 차이. 지난 20년간 ILO는 좋은 일자리를 위한 논의를 확장해왔다. 최저수준의 협약만이 아니라 더 나은 일자리를 위한 권고들이 대표적이다. 그러나 노동시장의 불평등과 격차는 더 심화되고 있다. 빈곤과 실업만이 아니라 여성과 청년은 물론 돌봄과 불안정 노동자들처럼 제도 밖의 노동이 증가하고 있기 때문이다. 우리나라도 특수고용(165만 명), 플랫폼 노동(179만 명), 프리랜서(400만 명)와 같은 744만 명이 넘는 다양한 고용 형태에서 확인할 수 있다. 이들 모두 근로기준법이나 사회보장 밖에 놓인 노동자이며 법의 사각지대에 내팽개쳐진 존재다.

그렇다고 기존 노동자 모두가 법 제도의 보호나 권리를 보장받는 것도 아니다. 약 945만 명이 넘는 사각지대 노동자 문제도 해결되지 않고 있다. 간접고용(80만 명), 일용직(141만 명), 초단시간(185만 명), 5인 미만 사업장(378만 명), 고령(142만 명), 청소년(19만 명)은 법의 예외나 권리 부재로 제도적 차별이 용인된다. 비정규직과 불안정노동자 및 사각지대 노동자까지 1689만 명이나 된다. 한쪽에서는 자본주의의 이윤을 한껏 향유하고 있는 반면, 다른 한쪽에 있는 1689만 명은 부차적 권리만 겨우 보장받고 있는 것이다.

그렇다면 사회·경제 전반의 시스템이 바뀔 필요가 있지 않을까? 1953년에 제정된 '근로기준법'은 노동자를 "임금을 목적으로 사업이나 사업장에 근로를 제공하는 사람"으로 매우 협소하게 정의한다. 이런 이유로 최근 일하는 모든 사람을 위한 법률 논의가 힘을 받고 있다. 기존 법체계는 다양한 기준을 이유로 일하는 사람을 법체계에서 배제해왔다. 그러나 고용상 지위나 계약 형태와 무관하게, 일하는 시민은 기본권으로서 노동의 권리를 동일하게 부여받도록 해야 한다. '일하는 사람 기본법'을 토대로 새로운 노동체제에 맞춰 사회제도와 정책의 상상력이 살아 있는 규칙들을 제정해야 한다.

첫째, 존엄한 노동으로 일할 권리와 쉴 권리의 전환이다. 장시간 노동이나 야간 노동 규제와 휴일 휴가 확대, 그리고 생애주기별 노동시간과 같은 괜찮은 노동조건을 누릴 수 있는 보편적 권리의 확장이다. 물론 저임금 노동자의 소득보장을 위한 최소생활노동시간보장제나 아프면 쉴 권리와 같은 상병수당, 유급병가와 같은 사회적 보호는 필수조건이다. 둘째, 불평등과 격차 및 차별이 아닌 평등으로의 전환이다. 생활임금이나 동일가치노동 동일임금만이 아니다. 노동안전과 기술 변화, 평생학습, 정의로운 전환과 같은 현재와 미래의 중첩된 노동문제를 해결하기 위한 논의들이 모색되어야 한다.

결국 이 모든 것은 노동의 재규정과 새로운 사회계약으로 '근로자'나 '노무 제공자'의 범위를 모든 일하는 사람으로 확대하는 것을 의미한다. 동일한 권리의 하나로 결사의 자유와 초기업적이고 성 평등한 교섭부터 디지털 노동기본권까지 새로운 체제로의 전환이다. 산업혁명 초기부터 선언적으로 던져진 '노동해방'은 모든 억압과 불평등을 제거하고 인간의 삶을 풍요롭게 하는 것이었다. 그러나 사유재산권이 우위인 현실에서는 규제와 조율보다 순응에 더 익숙한 정치적 과정들만 확인해왔다. 이제 모든 일하는 사람을 위한 새로운 제도의 논의를 더는 미룰 수 없는 상황이 되었다.

2021년 6월 프란치스코 교황은 ILO 총회 참가자들에게 27분에 이르는 긴 영상 메시지를 통해 노동의 작은 회칙을 제시한 바 있다. "코로나19는 이미 가장 취약한 사람들에게 영향을 미쳤고, 코로나19 종식 이후 노동의 새로운 미래를 구축하는 데 도움이 되는 해결책을 찾자"는 것은 조급한 경기 회복과 규제 완화의 파괴적 영향을 우려한 것이다. "노동조합에 가입하는 것은 권리이며, 적절하고 품격 있는 노동"은 공동선으로서 일하는 시민의 권리와 맥을 같이한다고 볼 수 있다. 변방에 내몰린 노동자들부터 여성과 돌봄 노동자까지, 위험하고 열악한 노동 현실을 타파하기 위한 새로운 규칙을 확인할 시점은 2022년 3월이다.

_ 2021. 12. 3